Gerade noch hat es geregnet. Überall rinnt und tropft es, die heiße Erde dampft. Die Palmen neigen ihre schweren, nassen Blätter, üppige Ingwerbüsche leuchten rosa und feucht, als ein Sonnenstrahl sie trifft; die schwarzen, grünen, roten und goldgelben Bambushalme glänzen frisch poliert vom Regen. Die Blüten der Frangipanibäume, die in der feuchten Luft besonders intensiv duften, sind bei dem Wolkenbruch zu Boden gefallen. Am Ende der Alleen aus Mahagoni- und Mangobäumen, wo die Lianen in einem Gewirr herabhängen, steigt Dunst auf. Teiche und Wasserbecken, bedeckt mit Seerosen, treten schemenhaft aus dem Nebel hervor. Das ohrenbetäubende Zirpen der Insekten, das kurz verstummt war, setzt wieder ein. Ein neuer Tag bricht an, in Rio, in Singapur oder in Kandy, in Kalkutta, Bogor oder Kisantu. Irgendwo auf der Erde, irgendwo in den Paradiesgärten der Tropen.

Catherine Donzel

Tropische Paradiese

Botanische Gärten in den Kolonien

Fotografien:
Catherine Donzel und Marc Walter

Aus dem Französischen von Ursel Schäfer

RECHTS Samen des Perlenbaums *(Adenanthera pavonina)* aus dem botanischen Garten Sir Seewoosagur Ramgoolam, besser bekannt unter dem Namen »Garten von Pamplemousses« auf Mauritius.

VORANGEHENDE SEITEN Bananenblatt, Botanic Gardens in Singapur (S. 1); Jardim Botânico do Rio de Janeiro, Brasilien (S. 2–5); *Alocasia macrozzhira*; Muskatnuss; Eintrittskarten für den Indian Botanic Garden, Howrah, in Kalkutta (S. 6–7); Jardim Botânico do Rio de Janeiro (S. 8–9).

FOLGENDE DOPPELSEITE Superintendent Henry James Murton und das Personal des Botanischen Gartens in Singapur, 1877 (S. 12–13).

Inhalt

Gärten und Weltreiche 15

Kalkutta und der *Couroupita* 39

Auf der Suche nach dem
grünen Gold 81

Paradiese und Schutzräume 155

Anhang 219

Gärten und Weltreiche

Wer den botanischen Garten von Kalkutta (heute Kolkata) besuchen will, muss auf das andere Flussufer wechseln, ans rechte Ufer des Hooghly, einem Nebenarm des Ganges. An diesem Ufer liegt die Stadt Howrah, heute ein Vorort von Kalkutta mit fünf Millionen Einwohnern und dem prachtvollen Hauptbahnhof, von dem Züge nach Benares, Neu-Delhi und Madras abfahren. Vor zwei Jahrhunderten war auf dieser Seite des Flusses nicht viel: von Lianen überwucherte Böschungen, ein paar Fischerdörfer, aber auch einige schöne, säulengeschmückte Landsitze englischer Beamter, die hier die frische Luft genossen. Auf dem linken Ufer war Kalkutta nach der Beschreibung von Reisenden eine geschäftige Stadt, schon damals voller Lärm und Staub, wo riesige Vögel mit kahlen Köpfen, die »Argalas«, in den Abfällen vom Hafen stocherten. Kalkutta, die wichtigste Niederlassung der East India Company, wurde bald die nach London zweitwichtigste Stadt des britischen Empire. Vor diesem Hintergrund wirtschaftlicher Geschäftigkeit kam es 1787 zu Überlegungen, in Howrah einen botanischen Garten anzulegen. Es gab bereits Vorläufer: Die Gärten von Saint-Vincent (1765) in der Karibik und von Pamplemousses (1768) auf Mauritius waren wenige Jahre zuvor entstanden. Der Garten von Kalkutta zählt heute zu den berühmtesten botanischen Einrichtungen der Welt und ist ein besonders wichtiges Glied in dem Netz tropischer Gärten, von denen die meisten ab Ende des 18. Jahrhunderts entstanden und sich im folgenden Jahrhundert weiter verbreiteten nach Indien, Ceylon, Malaysia und Indonesien, Indochina, Schwarzafrika und Südamerika.

Die europäischen Großmächte brauchten die Botanik, um ihre kolonialen Ambitionen voranzutreiben. Naturforscher mussten die Ressourcen der eroberten Gebiete inventarisieren, damit man ermessen konnte, was die noch zu erobernden Regionen bringen würden. Zugleich tauchte die Frage auf, wie man Pflanzen von einem Punkt der Erde an einen anderen versetzen konnte – ein wichtiges Anliegen der europäischen Nationen, die selbst kultivieren wollten, was sie bislang teuer importieren mussten: Gewürze, Tee und Kautschuk. Daraus entstanden internationale Netzwerke, die von Europa und den dortigen Heimatgärten aus gesteuert wurden.

FOLGENDE DOPPELSEITE Das ehemalige, heute ungenutzte Gebäude der Bibliothek im Indian Botanic Garden, Kalkutta.

RECHTS Eingang des Gartens von Peradeniya bei Kandy, Ceylon, um 1900.

LINKE SEITE Kolonnaden des für William Roxburgh erbauten Hauses im Indian Botanic Garden in Kalkutta. Roxburgh war von 1793 bis 1814 der erste bezahlte Superintendent des Gartens. Das Haus soll saniert werden und ist derzeit für Besucher geschlossen.

VORANGEHENDE DOPPELSEITE **LINKS** Königspalmen (*Roystonea regia*) in der Joseph-Hooker-Allee im Garten von Pamplemousses auf Mauritius. Die Alleen eines Gartens sind traditionell nach den Botanikern benannt, die zu seinem Renommee beigetragen haben. Diese Namensgebung ist eine Verbeugung vor Joseph Hooker, dem Direktor von Kew (von 1865 bis 1885), der viel für die Wiederherstellung des nach dem Abzug der Franzosen sehr verwilderten Gartens geleistet hat. **RECHTS** Der erste (zwischen 1877 und 1879) im Botanischen Garten von Singapur gepflanzte Heveabaum. Postkarte um 1900; Botanischer Garten Saigon, Postkarte um 1900 und Briefmarke von Französisch-Indochina von 1908.

GÄRTEN UND WELTREICHE

UNTEN Das riesige Palm House im Garten von Kew südwestlich von London. Der damalige Direktor William Jackson Hooker überwachte den Bau (1844–1848). Das Gewächshaus, ein Werk des Architekten Decimus Burton, der einen Schiffbauingenieur hinzuzog, sollte in erster Linie die Sammlung von Palmen beherbergen, die man aus Samen und Stecklingen aus der ganzen Welt gezogen hatte.

KEW: DIE MUTTER DER KOLONIALGÄRTEN

Im britischen System wurden die Expeditionen zum Sammeln exotischer Pflanzen von London aus gelenkt, durch die mächtigen Royal Botanic Gardens in Kew (gegründet 1759). In Kew wurden auch die Naturforscher ausgebildet, die Positionen in Übersee antreten sollten. Und in Kew sammelte man Herbarien, Samen und Keimlinge aus aller Welt, studierte sie und versuchte, die interessantesten, das heißt nützlichsten Arten weiterzuzüchten. Das in Treibhäusern unter grauem Londoner Himmel gewonnene Saatgut wurde wiederum in alle Ecken des britischen Empire verteilt, vom Indischen Ozean bis zum Chinesischen Meer. Dabei spielte ein Kolonialgarten wie der in Kalkutta die Rolle eines Bindeglieds (das Gleiche galt für Penang oder Singapur), man prüfte dort das Material aus London, experimentierte mit Sämlingen in den *nurseries*, versuchte Pflanzen anzusiedeln und regte bei den Bauern der Region neue Kulturen an. Allerdings verhielt es sich keineswegs so, dass ein solcher tropischer Garten nur Anordnungen ausführte, die aus London kamen. Der botanische Garten von Kalkutta hing zwar von Kew ab, musste Kew Rechenschaft ablegen und regelmäßig über seine Entdeckungen berichten und über die Erkenntnisse botanischer Exkursionen. Aber daneben betrieb er auch eigene Forschungen, vervollständigte die eigene Sammlung und die eigene Bibliothek, unterhielt eigene Mannschaften von Gärtnern, Blumenjägern und einheimischen Führern, dazu auch ein eigenes Atelier mit indischen Malern für die Herstellung der Schilder (halten wir nebenbei fest, dass die Kolonialherrn nicht ohne die einheimischen Kenntnisse und Talente auskamen). Organisiert wurde all das von Superintendenten – in England ausgebildeten Botanikern und, vor allem zu Beginn des 19. Jahrhunderts, Ärzten mit einer Leidenschaft für Botanik –, die viel zum Ruf ihrer Einrichtung beigetragen haben. Immer wieder spielten Einzelne und die Initiative

OBEN Die Orchideenzucht im Botanischen Garten von Singapur, Postkarte um 1930.

OBEN Zwei Blätter aus dem Herbarium der Botanic Gardens, Singapur. **LINKS** Eine *Rafflesia hasseltii* (eine der größten Blüten der Welt). **RECHTS** Ein *Dendrobium crumenatum*, eine Taubenorchidee. Sie blüht für wenige Stunden, genau neun Tage nachdem ein Regen oder Unwetter die Temperatur um mindestens 5,5 °C hat fallen lassen. Die beiden Pflanzen wurden in Malaysia gefunden.

RECHTS Kinder (vielleicht von Gärtnern) vor den Stelzwurzeln eines Schraubenbaums im Garten von Buitenzorg, Java, heute Kebun Raya (Botanischer Garten) von Bogor, um 1890.

FOLGENDE DOPPELSEITE Angehende Agraringenieure verpacken tropische Pflanzen für den Versand in die Baumschulen des französischen Kolonialreichs, Nogent-sur-Marne, 1929.

GÄRTEN UND WELTREICHE

OBEN Orchidee *(Cirrhopetalum picturatum)*, Illustration aus dem 19. Jahrhundert.

bestimmter Personen eine wichtige Rolle in der Geschichte der tropischen Gärten. Das Mutterland war weit weg, insofern genoss der Superintendent relative Autonomie und besaß großen Spielraum, seine Ideen umzusetzen. Allerdings erforderte es psychische Stabilität, um den enormen Kulturschock (und die emotionale Erschütterung) auszuhalten, die die Begegnung mit einem Land wie Indien bedeutete, dazu eine robuste Gesundheit, um das Klima in der Ebene des Ganges zu ertragen, mit Malaria, »Sumpffieber« und Durchfall (es kam nicht selten vor, dass jemand aus gesundheitlichen Gründen in die Heimat zurückkehren musste). Die Botanik steckte noch in den Kinderschuhen und profitierte von einem enormen Forschungsfeld, dessen Grenzen die kolonialen Eroberungen immer weiter ausdehnten. Das Abenteuer, die Expeditionen in den Dschungel, die Aussicht auf sensationelle Entdeckungen – und die damit verbundenen Ehrungen – weckten Berufungen und Leidenschaften. Die meisten Botaniker, die Stellungen in Indien antraten, ließen sich durch nichts abschrecken, weder durch Erschöpfung noch durch Schwierigkeiten. Der Garten von Kalkutta hatte brillante Direktoren wie William Roxburgh (im Amt von 1793 bis 1814), der heute als »der Vater der indischen Botanik« gilt und dessen Werke bis heute maßgeblich sind. Oder Nathaniel Wallich, ein rastloser Arbeiter, der den Direktorenposten 30 Jahre bekleidete (von 1817 bis 1847) und der – obwohl am Schluss sehr krank – sich bis zuletzt für die Einführung neuer, profitabler Pflanzen in Indien einsetzte. Aber nicht nur in Kalkutta wirkten außergewöhnliche Männer. Die Geschichte der tropischen Gärten ist voll von beeindruckenden Persönlichkeiten mit oft abenteuerlichen Lebenswegen, die sich mit Leib und Seele der Aufgabe verschrieben hatten, die Wirtschaft und die Wissenschaft voranzubringen. Dem »Fortschritt« (oder dem, was die Menschen im Westen darunter verstanden) widmete man sich im 19. Jahrhundert wie der Religion: mit Inbrunst.

OBEN Sitz der Verwaltung des Gartens Peradeniya bei Kandy, um 1900.

LINKE SEITE Illustration von Anton Goering – Maler, Ornithologe und Naturforscher – für ein deutsches Buch über Venezuela, das 1892 erschien *(Vom Tropischen Tieflande zum Ewigen Schnee. Eine Malerische Schilderung des Schönsten Tropenlandes Venezuela)*. 1843 gründeten 358 deutsche Siedler in einer bergigen Region Venezuelas die Siedlung Colonia Tovar. Von dort aus erkundeten viele Botaniker und andere Wissenschaftler aus Deutschland das Land.

FOLGENDE DOPPELSEITE Botanischer Garten Buitenzorg, Java, um 1890.

GÄRTEN UND WELTREICHE

UNTEN LINKS Deckblatt eines Sammelbilder-Albums mit Ansichten aus den deutschen Kolonien, erschienen 1936.
RECHTS *Myroxylon toluiferum* (ein Baum mit stark duftendem Saft und Holz), gezeichnet von Anton Goering (siehe S. 25).

RECHTE SEITE Teeplantage in der englischen Kolonie auf Ceylon, um 1900.

FOLGENDE DOPPELSEITE Tropischer Urwald in Venezuela, Illustration von Anton Goering, 1892.

DER WESTEN UND SEINE BAUMSCHULEN

Alle großen Kolonialreiche arbeiteten nach ähnlichen Prinzipien wie das englische System. In Niederländisch-Indien war der Garten von Buitenzorg (heute Bogor), errichtet 1817 auf der heute indonesischen Insel Java, das renommierte Zentrum eines großen Komplexes von Parks und Wäldern, wo Pflanzen gesammelt und Akklimatisierungsversuche unternommen wurden. Natürlich unterhielt Buitenzorg sehr enge Beziehungen mit den botanischen Einrichtungen im Mutterland, vor allem mit dem ehrwürdigen botanischen Garten in Leiden – dem *Hortus botanicus*. Der Naturforscher Caspar Georg Karl Reinwardt (1773–1854), Berater der Königlichen Kommission für die niederländischen Kolonien und Gründer von Buitenzorg, war im Übrigen auch Professor in Leiden. In Deutschland regelte die Botanische Zentralstelle für die deutschen Kolonien (1891) des botanischen Gartens von Berlin die Beziehungen zu den verschiedenen Kolonialgärten vor allem in Afrika. Das Naturkundemuseum in Paris spielte eine große Rolle bei den französischen Kolonialaktivitäten. Bereits Ende des 18. Jahrhunderts beteiligte es sich an der Einrichtung der ersten Gärten auf den Maskarenen, und ab Mitte des 19. Jahrhunderts war es besonders aktiv. Damals erwog die französische Regierung, aus dem neu eroberten Algerien eine Art Laboratorium für die Akklimatisierung tropischer Pflanzen zu machen: Baumwolle aus Dacca, Tabak aus Delhi, Indigo aus Java, Vanille, Zuckerrohr ... Aber es funktionierte nicht, ein Beleg, dass die Macht des Menschen über die Natur letztlich doch Grenzen hat. Die Professoren des Museums hatten sich vergebens engagiert: Das Klima in Algerien war selbst bei allen erdenklichen Formen der Bewässerung (und man erdachte viele Möglichkeiten) nicht dafür geeignet. Das Akklimatisierungsprogramm bekam Ende des Jahrhunderts mit der Ausweitung der Kolonialisierung einen neuen Anstoß. Bei der Konferenz von Berlin (1884–1885) wurde Afrika unter den europäischen Mächten aufgeteilt, und auch Frankreich wurde bedacht. Praktisch zur selben Zeit, 1887, wurde die Indochinesische Union vollendet, das riesige französische Reich in Südostasien. Madagaskar wurde 1896 annektiert. In Kooperation mit dem Naturkundemuseum in Paris entstanden rund 30 neue Gärten, darunter in Hanoi, Saigon, Libreville und Tananarive (heute Antananarivo, Madagaskar), die diesmal erfolgreich an der »Naturalisierung« neuer Ressourcen arbeiteten.

GÄRTEN UND WELTREICHE

Kamerun

163 Rodung im Urwald. Um Pflanzungsland in der Nähe der Küste zu gewinnen, mußte in Kamerun der Kampf gegen den Urwald mit Axt und Feuer aufgenommen werden.

164 Ernte in einer Tabakfarm. In den letzten Jahren vor dem Weltkriege begannen deutsche Unternehmungen in Kamerun auf gerodetem Urwaldboden Sumatra-Deckblatt anzubauen, das auf dem Bremer Markt gute Preise erzielte.

165 Kakao. 1 Fruchtbehangener Baum, 2 Stammstück mit Blüten, 3 Aufgeschnittene Frucht. — Der nur in den Tropen gedeihende Baum war in den innerhalb des Urwaldgürtels gelegenen Pflanzungen die wichtigste Kulturpflanze.

... der Afrikanischen Fruchtkompanie. Die ... Hamburg gegründete Gesellschaft begann ... kriege, dem deutschen Markt die tropischen ... wie Bananen mit besonderen Dampfern zuzuführen.

Hüttenbau in Mittelkamerun

EINE NEUE ROLLE

Um 1900 existierten in den großen Kolonialreichen insgesamt etwa 200 Gärten, fast alle in tropischen Zonen, denn das pflanzliche Manna, das Europa brauchte, gedieh in diesem Klima am besten. Diese Gärten mit den Palmen, die sich im Wind wiegten, den betörend duftenden Frangipanibäumen und den Seerosenteichen wurden in gleicher Weise Teil einer industriellen Produktion wie die Fabriken, die Ruß und Rauch ausstießen. Alles spielte sich in den Laboratorien und Baumschulen ab. Von dort kam Kaffee für die ganze Welt, Chinin, um das Fieber der Siedler, Soldaten und Plantagenarbeiter zu lindern, kamen Reifen für Michelin und für Henry Ford, Rhododendren aus Asien für Parks in Flandern und Schottland und kam schwarzer Tee *made in India*, um das chinesische Monopol zu brechen und die englischen Teekannen zu füllen. Aber das Netz der tropischen Gärten lieferte auch, Gipfel der botanischen Wissenschaft, unvergleichliches Studienmaterial: Gab es im 17. Jahrhundert 6000 beschriebene Blütenpflanzen, so waren es nicht einmal zwei Jahrhunderte später 100.000.

Diese tropischen Gärten blieben mehr oder weniger bis zur Auflösung der Kolonialreiche intakt. Aber ihr Ruhm war schon in den 1930er Jahren, lange vor dem Ende der Kolonialzeit, verblasst. Alles, was mit der Kommerzialisierung zusammenhing – vom Vertrieb von Samen über die Bekämpfung von Pflanzenkrankheiten bis zur Selektion von Arten –, hatten die neu geschaffenen Landwirtschaftsministerien und ihre Versuchsanstalten übernommen. Und die schlichten Versuchsgärten, letztlich nichts anderes als Pflanzenzuchten, verschwanden fast vollständig. Die meisten botanischen Gärten hingegen (darunter verstehen wir die Einrichtungen mit wissenschaftlichem Personal, einem Herbarium, einer Bibliothek und reichhaltigen Beständen »seltener und interessanter Pflanzen«) verloren zwar Funktionen, blieben jedoch bestehen. Sie waren praktisch unantastbar. Ihr Ansehen – teilweise aus mehr als zwei Jahrhunderten –

LINKE SEITE Beispiele für in Kamerun eingeführte Kulturen, unter anderem Kaffee. Aus dem Cigaretten-Bilderdienst-Album *Deutsche Kolonien* von 1936.

UNTEN Werbung eines französischen Kaffee-Importeurs, Anfang des 20. Jahrhunderts.

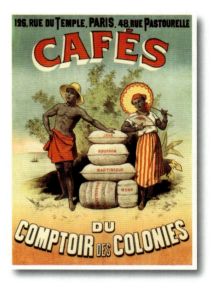

RECHTS Anbau von Kaffee und verschiedenen tropischen Früchten, Illustration von Anton Goering (siehe S. 25).

FOLGENDE DOPPELSEITE Präsentation tropischer Früchte auf der Weltausstellung in Paris, 1889.

GÄRTEN UND WELTREICHE

UNTEN LINKS Elefantenbaby Toby, die Attraktion des botanischen Gartens in Saigon, Postkarte um 1900. RECHTS Besucher in Rikschas unterwegs im Garten von Peradeniya bei Kandy, um 1900.

schützte sie. Ihre Schönheit, die man so sorgfältig gepflegt hatte, als sie noch das Schaufenster der Kolonie waren, rettete sie. Bald erschienen sie nicht nur als Gärten, sondern kamen als Denkmäler vor in den Erzählungen der Reiseschriftsteller und in den allerersten Touristenführern, im französischen Guide Joanne und im deutschen Baedeker. Über Generationen hinweg hätte kein Weltreisender diese botanischen Ziele versäumt. Unmöglich, nach Kandy zu reisen ohne einen Abstecher zu den Gärten von Peradeniya, kein Spaziergang durch Rio ohne einen erfrischenden Besuch im Jardim Botânico. Und wer nach Batavia kam, unternahm selbstverständlich einen Ausflug an den reizvollen Ort, den die Holländer *Buitenzorg* getauft hatten, »Sorglos«. Denn dort, am Fuß der Zwillingsvulkane Salak und Gedeh, liegt einer der schönsten botanischen Gärten der Welt.

Nach dem Zweiten Weltkrieg versanken diese Paradiese in Dornröschenschlaf. Die jungen Staaten, die aus der Entkolonialisierung hervorgingen, interessierten sich nur bedingt für diese Einrichtungen, die so teuer im Unterhalt und nur schwer rentabel zu betreiben waren. Außerdem dauerte es einige Zeit, bis sie sich diese botanischen »Monumente«, die als Symbole der Kolonialherrschaft erst einmal abstießen, überhaupt angeeignet hatten.

Die zweite Hälfte des 20. Jahrhunderts war für die tropischen botanischen Gärten eine Zeit der Unsicherheit und Krise. Viele nutzten für ihre Entwicklung ihr Image als Touristenattraktionen, einmal weil der Tourismus eine willkommene Devisenquelle darstellte und dann weil die Öffnung für das Publikum für die Gärten schnell höchste Priorität erlangte. Heute sind Bildung und Kommunikation ein wesentlicher Teil ihrer Aufgabe, umso mehr, als diese lebendigen Herbarien, wo höchst seltene, teils bedrohte (oder in ihrem natürlichen Habitat sogar bereits ausgestorbene) tropische Arten gedeihen, wichtige Schutzräume geworden sind, regelrechte Hüter der Biodiversität. Standen sie einst im Mittelpunkt wirtschaftlicher Interessen, so stehen sie heute im Zentrum der Umweltfragen unseres Planeten.

RECHTE SEITE Besucher kommen in der Kutsche in den Garten von Peradeniya bei Kandy, um 1900.

GÄRTEN UND WELTREICHE

Kalkutta und der Couroupita

Ich erinnere mich noch gut an meinen ersten Besuch im botanischen Garten von Singapur zu Beginn der 1980er Jahre, fast 20 Jahre nach der Unabhängigkeitserklärung. Die Anlage wirkte auf liebenswürdige Weise altmodisch. Tatsächlich hatte man nichts oder beinahe nichts verändert. Ich hatte alles wiedererkannt, was ich unzählige Male auf alten Fotografien und Postkarten gesehen hatte, fast jeden Busch: das gleiche Eingangstor, die Allee mit den Königspalmen, der legendäre Swan Lake (Schwanensee), in der Mitte die wunderschöne kleine Insel mit Nibungpalmen und den Büschen am Ufer … und alles praktisch menschenleer. Die Besucherzahlen in diesem Garten, den ich im Sommer 2007 erneut besichtigt habe, sind die größte, wahrhaft spektakuläre Veränderung der letzten 20 Jahre. Die ursprünglichen Strukturen, die historischen Gebäude und die Anlagen, die seit 150 Jahren den Garten prägen, wurden nicht verändert, vielmehr sorgfältig restauriert. Den Einwohnern von Singapur bedeutet dieses Erbe sehr viel. Darüber hinaus wurde alles renoviert, vergrößert und neu angelegt, mit neuen Seenlandschaften, Konzerten unter freiem Himmel auf dem Symphony Lake, Picknickplätze wurden eingerichtet, Souvenirshops eröffnet, es gibt Kioske und Restaurants: Heute kommen alljährlich drei Millionen Besucher in den Garten, zwei Millionen davon Ausländer.

Nicht allen Gärten ist es so ergangen. Im Indian Botanic Garden (wie der ehemalige Royal Botanic Garden seit 1950 heißt) in Kalkutta, einer Stadt, der es trotz intensiver Bemühungen noch immer nicht gelungen ist, als Touristenziel eine bedeutende Rolle zu spielen, fehlen gegenwärtig noch Freizeiteinrichtungen. Bei meinem Besuch im Frühjahr 2008 fiel mir jedoch der neue Eingang im Nordwesten auf, das Bicentennial Gate, 1988 aus Anlass des 200-jährigen Bestehens des Gartens errichtet: mehrere Kartenschalter und Drehkreuze, um den Besucherstrom zu lenken – ganz offensichtlich rechnet man mit vielen Menschen. Aber außer Angestellten, die nach langen Stunden im Büro zur Erholung durch den Garten schlendern, Schul-

UNTEN LINKS Am Ufer des Swan Lake in den Botanic Gardens, Singapur, Postkarte um 1900; eine Gruppe von Anthurien, Singapur, Postkarte um 1900.
RECHTS Der Swan Lake heute. Die Bäume auf der kleinen Insel – Nibungpalmen (*Oncosperma tigillarium*) und Sagopalmen (*Metroxylon sagu*) – sind die ältesten Kulturen im Garten.

LINKE SEITE *Heliconia rostrata*, Botanic Gardens, Singapur.

VORANGEHENDE DOPPELSEITE LINKS Allee der Latanpalmen, Garten von Pamplemousses, Mauritius. RECHTS Wasserfläche, Botanic Gardens, Singapur, Postkarte um 1900; im botanischen Garten von Peradeniya bei Kandy, Postkarte um 1900; Hochblätter einer Bougainvillea.

KALKUTTA UND DER COUROUPITA

RECHTS UND LINKE SEITE Die Jackmond-Brücke und der Eingang zu dem Gebäude mit den Büros des Superintendenten, Indian Botanic Garden, Kalkutta.

UNTEN Einer der Rikschafahrer im Indian Botanic Garden, Kalkutta.

klassen, deren Biologieunterricht unter freiem Himmel stattfindet, und Einwohnern von Kalkutta, die am Sonntag ihr Picknick veranstalten, kommen nicht viele Besucher. Die Verliebten dürfen wir nicht vergessen, sie sind ein vertrauter Anblick: junge Männer in westlicher Kleidung und Mädchen in bunten Saris, gemeinsam unter Schirmen (farblich auf die Saris abgestimmt) zum Schutz vor der brennenden Sonne. Und dann waren da noch die beiden Brüder, die ich schließlich kennenlernte, weil sie von morgens bis abends die 110 Hektar Parkfläche mit ihren Rikschas durchqueren und Besuchern ihre Dienste anbieten. Wer Erfrischung sucht, findet immerhin einen kleinen Getränkestand, der allerdings nur hin und wieder geöffnet ist. Von dieser einen Annehmlichkeit abgesehen, ist der Indian Botanic Garden wohl noch so, wie er immer schon war. Die gleiche Ruhe, die gleiche Stille, nur unterbrochen vom Summen der Insekten und vom Gesang der Vögel, dazu das Rauschen des Flusses, an dessen Ufer im Süden ein schattiger Spazierweg verläuft. Wer einen Eindruck bekommen möchte, wie die berühmten tropischen Gärten einst ausgesehen haben, der sollte, wie mir scheint, als ersten diesen Garten besuchen, bevor die über kurz oder lang unvermeidlichen Veränderungen stattfinden.

VORANGEHENDE DOPPELSEITE Palmenallee im Indian Botanic Garden, Kalkutta, um 1880–1890.

FOLGENDE DOPPELSEITE Liebespaar unter einem zum Sonnenschirm umfunktionierten Regenschirm, Indian Botanic Garden, Kalkutta.

KALKUTTA UND DER COUROUPITA

DURCH UND DURCH GRÜN

Ich traf an einem 29. April in Kalkutta ein, als die Flammenbäume *(Delonix regia)* in voller Blüte standen. Sie waren mir schon aufgefallen, als ich auf der Vidyasagar-Setu-Brücke den Ganges überquerte. An der Stelle ist der Fluss breit und braun und wird gesäumt von Lagerhäusern, Fabriken, rauchenden Schloten, Spuren der Kolonialzeit, Treppen, von wo aus die Inder ihre Reinigungsbäder vornehmen (der Ganges ist hier ebenso heilig wie in Benares), und ab und zu zeigt eine grüne Baumgruppe an, dass sich dort ein kleiner Tempel befindet. Aus dieser ockergelben Landschaft stechen die korallenroten Blüten der Flammenbäume hervor. Dieser Baum ist die perfekte Illustration einer gezwungenermaßen einst im nahe gelegenen Indian Botanic Garden geleisteten Akklimatisierung. Zwar haben wir bisher vor allem vom Transfer von Nutzpflanzen von einer tropischen Region in eine andere gesprochen, aber darüber dürfen wir die Zierpflanzen nicht vergessen, allen voran die Bäume. Tatsächlich gehörte es zu den Hauptaufgaben eines botanischen Gartens, in Kalkutta wie andernorts, an der Gestaltung neuer Kolonialstädte mitzuwirken und dafür eine schöne Auswahl an Bäumen für die Bepflanzung der großen Straßen und Plätze zu liefern. Der Flammenbaum vereinigt etliche der geforderten Eigenschaften. Er verliert praktisch nie sein Laub und blüht verschwenderisch, sein ausladendes Blattwerk spendet den Schatten, ohne den das Leben in diesen Breitengraden unerträglich wäre. Deshalb wurde er in vielen Kolonien zu einem beliebten Baum. Ursprünglich stammt er aus Madagaskar, und man ahnt ungefähr, wie sein Weg verlief. Nach einem 1961 vom Institut français in Pondichéry herausgegebenen Pflanzenkatalog sieht es so aus, als wäre der Flammenbaum 1824 zuerst auf die Insel Mauritius gelangt, und von dort wurden anscheinend Samen nach England geschickt. Von England aus wurden die Samen wohl über alle botanischen Gärten des britischen Raj verteilt, von Indien bis auf die malaiische Halbinsel. 1848, so wird berichtet, habe der niederländische Garten in Bogor *Delonix*-Samen vom englisch-malaiischen Garten in Singapur erhalten. Deshalb können wir annehmen, dass der Flammenbaum schon um 1840 in den Gärten von Kalkutta kultiviert wurde, die bis heute sehr schöne Exemplare besitzen. Bei meinem letzten Besuch waren die großen fedrigen Blätter über und über mit leuchtend orangeroten Korollen besetzt. Trotzdem dürfen wir uns nicht vorstellen, dass es in diesen Gärten blüht wie in unseren Parks in den schönsten Wochen, mit ihren Rosenhecken, Blumenbeeten und Rabatten. Ich habe oft gehört, vor allem in Pamplemousses, dass Touristen meinten: »Wie schön muss das aussehen, wenn alles blüht!« Aber das ist nie der Fall.

LINKE SEITE Frischer Trieb der Hawaiianischen Holzrose *Argyreia nervosa*, eines Windengewächses. Sie begleitet in den Botanic Gardens von Singapur den Weg, der zum Kalthaus führt.

UNTEN Zweig eines Flammenbaums, Illustration aus dem Buch *Brazilian flowers drawn from nature in the years 1880–1882* (1893), Bibliothek des Jardim Botânico do Rio de Janeiro.

FOLGENDE DOPPELSEITE LINKS Blüten des Flammenbaums (Blütezeit April–Mai), Indian Botanic Garden, Kalkutta. RECHTS *Delonix regia* oder Flammenbaum, 1941 im Botanischen Garten Buitenzorg (heute Bogor) auf Java gepflückter Zweig; der Herbarbogen gelangte später (im Rahmen des Austauschs zwischen botanischen Gärten) in das Herbarium des Naturkundemuseums in Paris.

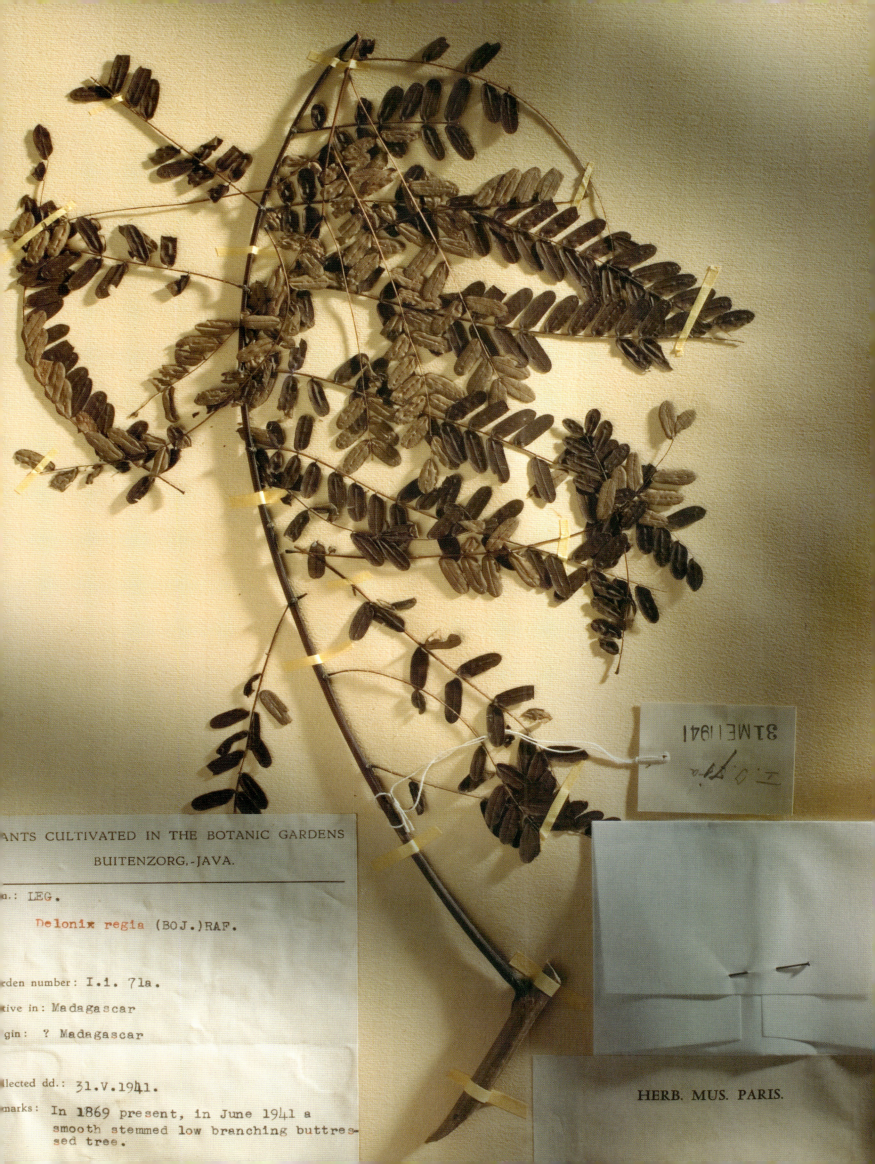

RECHTE SEITE Blüte des Leberwurstbaums (*Kigelia pinnata*), Garten von Pamplemousses, Mauritius. Die dunkelroten Blüten öffnen sich nachts und verströmen einen abstoßenden Geruch. Er lockt freilich die Fledermäuse an, die den Baum bestäuben.

VORANGEHENDE DOPPELSEITE Blick von der Hooker-Allee auf eine Wasserfläche, Indian Botanic Garden, Kalkutta.

FOLGENDE DOPPELSEITE Ein schattiger Pfad im Jardim Botânico do Rio de Janeiro.

Die tropischen Gärten sind grün wie die dunstigen Wälder, aus denen sie entstanden sind, durch und durch grün. Es gibt keine Blütensaison und keine Früchtesaison. Blüte und Frucht (beides oft gleichzeitig an ein und demselben Baum) erscheinen je nach Art ganz unterschiedlich, jede hat ihren eigenen Rhythmus. Deshalb blüht es zwar im tropischen Garten, aber nur hier und dort, es gibt nicht die üppige Choreographie der Blüte, wie wir sie aus unseren Breitengraden kennen. Und wenn es blüht, kann es sein, dass man es gar nicht sieht – in dieser Welt, wo Tiere und Pflanzen sich gern tarnen. Ich denke da an die großartige Blütenlosigkeit eines in den botanischen Gärten sehr geschätzten afrikanischen Baums, der *Kigelia pinnata* (der auch »Leberwurstbaum« heißt wegen seiner länglichen Früchte, die mit ihren langen Stielen aussehen wie Schinken, die an einer Schnur hängen). Die seltsamen Blüten der *Kigelia* hängen hoch oben in der Luft an unendlich langen Stielen. Sie sehen aus wie verdorbene Früchte, verströmen einen abstoßenden Geruch und erinnern denkbar wenig an eine Blüte. Aber es sind Blüten, wunderschöne sogar, glockig, innen dunkelrot und gepunktet oder gestreift, mit großen, pudrigen Staubgefäßen. Doch entweder erkennt man sie nicht als Blüten, oder man wendet sich vom Geruch angewidert ab.

Tropische Gärten sind voller Sinnestäuschungen und Überraschungen. Man kann seinen Augen niemals trauen. Manchmal fragt man sich sogar, wo man ist, weil eindeutige Orientierungspunkte fehlen. Gerade so ergeht es dem Besucher, der durch das Bicentennial Gate den Indian Botanic Garden betritt. Zunächst bemerkt der westliche Reisende nicht viel davon, dass er in eine vollkommen andere Natur versetzt wurde, von der er träumt, seit er Europa verlassen hat. Es fehlt sogar das Spalier aus Königspalmen, das fast immer den Eingang großer tropischer Gärten markiert (es gibt dieses Spalier natürlich auch in Kalkutta, aber beim Howrah Gate, dem alten Haupttor). Gut, die Hitze ist tropisch, der schwere Duft der Erde, das Kreischen exotischer Vögel. Aber die Landschaft ist sanft hügelig wie in England, der Blick fällt auf Rasen und stille Wege – es könnte überall sein, irgendwo in Europa. Doch dann genügen zwei oder drei Kleinigkeiten, und wie in einer Geschichte von Lewis Carroll verändert sich die Landschaft schlagartig und wird fremd. Ein großer Stelzvogel fliegt auf, streckt seinen langen Hals und verschwindet in einem Busch. Ein ganz normaler Baumstamm ist von winzigen Epiphyten bedeckt: einen Schritt vor, und man sieht ein Blumenbeet in der Vertikalen!

LINKS Die bräunlichen, wurstähnlichen Früchte von *Kigelia pinnata*, Indian Botanic Garden, Kalkutta.

DER GRÖSSTE BANYANBAUM DER WELT

Es braucht eine kurze Zeit der Anpassung, um zu erkennen, was man zu sehen glaubt, und zu entdecken, was man bereits kennt: beispielsweise um wahrzunehmen, dass der *Ficus elastica* (beheimatet in Indien und Indonesien), der sich hier mit wie lackiert glänzenden Blättern in schwindelerregende Höhen windet, dieselbe Pflanze ist wie unser »Gummibaum« im Wohnzimmer, die Zierpflanze, die in ihrem Topf vor sich hin kümmert. Dasselbe gilt für die eindrucksvolle *Monstera deliciosa*, eine mexikanische Liane, Inbegriff der Üppigkeit, sie ist in domestizierter Form der langweilige Philodendron. Viele exotische Pflanzen gehören, seit sie in unsere Länder eingeführt wurden, zu unserer Zimmerausstattung, sind grüne Massenware. Das hat zur Folge, dass wir uns nicht die geringste Vorstellung davon machen, welche Schönheit und Vitalität sie in ihrer natürlichen Umgebung entfalten können. Sie in der Natur, oder beinahe in der Natur, zu beobachten ist immer wieder Anlass zu staunen.

Aber noch haben wir nichts gesehen. Fangen wir mit dem Höhepunkt des Besuchs an, dem Punkt, auf den alle Alleen zulaufen und dessen spektakuläre Erscheinung alles rühmt, vom Prospekt bis zur Hinweistafel. Jeder botanische Garten besitzt eine besondere Pflanze, ein Wunder, eine Kostbarkeit, die eine doppelte Funktion als Emblem und als Touristenattraktion erfüllt. Im Indian Botanic Garden ist es ein riesenhafter Banyanbaum, der als der größte der Welt gilt und als solcher sogar im *Guinness Buch der Rekorde* steht. Wie unser »Gummibaum« im Topf ist der Banyan ein *Ficus*, eine in den Tropen sehr häufige Gattung mit über 900 Arten. Namentlich zwei Arten kommen in den Sammlungen aller botanischen Gärten in Asien vor, zwei großartige Monsterpflanzen, denen die Fähigkeit der unendlichen Ausbreitung und ein schrecklicher Ruf als Würger gemeinsam ist: eben der Banyan oder *Ficus benghalensis* und der *Ficus religiosa*, der

LINKS Touristen posieren auf den riesigen Wurzeln eines *Ficus elastica*, Garten von Peradeniya, Kandy, um 1900.

LINKE SEITE Erkletterung eines *Ficus elastica* in Malaysia, um 1900. Diese *Ficus*-Art gibt einen weißlichen Pflanzensaft ab, der früher für die Herstellung von Kautschuk verwendet wurde. Sehr viel bessere Ergebnisse erzielt man jedoch mit dem Saft des brasilianischen Kautschukbaums.

OBEN Blatt einer *Monstera deliciosa*, eines Aronstabgewächses. South China Botanical Garden, Kanton, China.

UNTEN Wurzeln eines Ficus (nicht näher spezifizierte Art), South China Botanical Garden, Kanton, China.

auch Pappelfeige oder Buddhabaum heißt. Beide beginnen ihr Wachstum irgendwo in einem hohlen Baum, wo ein Vogel den Samen hinterlassen hat; die Vögel fressen die kleinen Feigen und verbreiten so die Samen. Zunächst sind es bescheidene Epiphyten, aber langsam ermorden sie ihren Wirt, manche, indem sie ihre Wurzeln rund um seinen Stamm flechten, andere dringen kriechend in den Boden vor und rauben dem Wirt Erde und Wasser. Es kann Jahrzehnte dauern, aber das Ende ist unausweichlich: Der von dem Parasiten befallene Stamm erstickt und stirbt. Zu einem bestimmten Zeitpunkt stehen die grüne Krone des Wirts und der Ficus nebeneinander. Später bleibt der Ficus allein übrig. Dann zeigen Banyan und Pappelfeige ihre Kraft, erobern den Raum mit so abenteuerlichen und eindrucksvollen Windungen, dass sie beide schon immer heiligen Schrecken verbreitet haben. Der *Ficus religiosa*, in dem die Götter der Hindus leben und in dessen Schatten Buddha zur höchsten Erkenntnis gelangte, verbreitet sich von der Basis seines Stammes aus durch Tentakeln und Schlingen und bildet damit um sich herum ein oft sehr ausgedehntes hölzernes Gewirr. Seit Generationen lassen sich die Besucher der Gärten von Pamplemousses, Peradeniya und Bogor gerne darin fotografieren. Der Banyan, auch er Wohnstätte von Göttern, wächst anders. Die zahllosen Luftwurzeln, die überall von den Ästen ausgehen, sinken zu Boden und halten sich dort fest, bilden neue »Stämme« oder vielmehr »Pfeiler«, die dem Baum erlauben, sich immer weiter auszubreiten, und einen einzelnen Baum wie einen ganzen Wald erscheinen lassen. Der Banyan von Kalkutta besitzt 2800 solcher Pfeiler und bedeckt mit seinem Blätterdach eine Fläche von mehr als eineinhalb Hektar. Er stand bereits an dem Platz, als der Garten gegründet wurde, wurde beschrieben, gerühmt und von reisenden Künstlern gemalt: Heute ist er über 250 Jahre alt. Nichts anderes wächst unter dieser Kathedrale, vielleicht weil die Gärtner sorgfältig alles sonstige Grün entfernen, vielleicht weil die vielen Pfeiler alle Nährstoffe für sich beanspruchen. Aber wenn man die Augen hebt, bietet sich ein ganz anderes Bild, und man versteht, warum sich die ersten Götter, die Schöpfer des Universums, so gern unter dem Banyanbaum versammelten. Vor allem am Morgen, aber auch am Abend, wenn die Hitze ein wenig weicht, herrscht unter dem gewaltigen Blätterdach reges Treiben. Der Baum hallt wieder vom Kreischen, Gackern, Pfeifen und Gurren seiner Bewohner. Eichhörnchen mit gestreiftem Rücken springen von Ast zu Ast, schöne blaue Vögel mit schokoladenbraunen Köpfen verschwinden im Schatten und tauchen einen Flügelschlag später in dunstigen Lichtstrahlen wieder auf, gelbe und grüne Sittiche schießen raketengleich von allen Seiten durch das Geäst, und unten am Boden tummelt sich ein Vielzahl kleiner Räuber.

OBEN Den blauen Vogel mit dem schokobraunen Kopf, eine Eisvogelart, sieht man häufig im Indian Botanic Garden, Kalkutta.

VORANGEHENDE DOPPELSEITE Ein Teil des großen Banyanbaums im Indian Botanic Garden. Dieser Baum hat keinen Stamm mehr hat (was wir hier sehen, sind alles Luftwurzeln). Der Hauptstamm war von Schimmel befallen und musste 1925 gefällt werden. Heute markiert ein Grabstein seinen einstigen Standort.

LINKS *Ficus religiosa*, Garten von Pamplemousses, Mauritius. Dieser Baum gehörte wohl zu der Gruppe, die im 18. Jahrhundert, zur Zeit von Pierre Poivre, als »Windfang« gepflanzt wurde.

FOLGENDE DOPPELSEITE *Ficus elastica*, Garten von Peradeniya, Kandy, Fotografie von Charles T. Scowen, 1880er Jahre.

LINKE SEITE *Ceiba pentandra* (Woll- oder Kapokbaum), Jardim Botânico do Rio de Janeiro. Der Kapokbaum ist genauso eindrucksvoll wie der Ficus. Er entwickelt Brettwurzeln, die über zwei Meter hoch werden können und den Stamm stützen. Deshalb kann er sich mit seinen mehr als 50 Metern Höhe auch in lockerem Boden halten.

UNTEN Die verhüllte Kuppel des Large Palm House, Indian Botanic Garden, Kalkutta.

FOLGENDE DOPPELSEITE Der Indian Botanic Garden, Kalkutta, um 1880.

DAS GEWÄCHSHAUS UND DIE SCHLANGE

In diese magische und beinahe wilde Szene, wo der Besucher etwas vom Dschungel, von den tropischen Feuchtwäldern und anderen Bastionen der ungezähmten Natur ahnt, fügt sich die Inszenierung des Gartens ein: Brücken, Wasserläufe, Becken. In Kalkutta gibt es 80 Seen, miteinander verbunden durch ein unterirdisches Leitungssystem, das wiederum in direkter Verbindung zum Ganges steht. Die Seen dienen der Gestaltung der Landschaft, sind aber auch Wasserspeicher und beherbergen Wasserpflanzen. In den botanischen Gärten gibt es keine echte Grenze zwischen rein dekorativen Anlagen und der »Technik«, die zur Ansiedlung und Kultivierung der Pflanzen gehört. So sind die technischen Einrichtungen wie die Gewächshäuser außerordentlich reizvoll für den Besucher. Diese exotischen Reiche unter Glas sind in allen botanischen Gärten der Erde Märchenwelten. Doch in den Tropen hat das Gewächshaus noch die Besonderheit, dass es nicht Wärme und Sonne spendet, sondern im Gegenteil Kühlung und Schatten. Das große Gewächshaus in Kalkutta, das Large Palm House, ist ein Wunderwerk seiner Art. Erbaut um 1850, wurde es konzipiert, um Schattenpflanzen und Palmen aufzunehmen, darunter seit 1894 eine weibliche Meereskokosnuss *(Lodoicea maldivica)*, die bis heute dort steht und wohl noch lange stehen wird. Es heißt, dieser Baum könne 1000 Jahre alt werden … Das Gewächshaus, ein leichtes schmiedeeisernes Bauwerk, erinnert an eine riesige Voliere, mit einem zarten Fries am Fuß seiner Kuppel und einer seltsamen kleinen Krone ganz oben. Schatten spendet ein grünes Netz, das es vollständig bedeckt. An manchen Stellen durchbohren es Palmtriebe und lassen die Gewalt dieser Pflanzen ahnen. Für Kühlung sorgt auch *Antigonon leptopus*, eine Kletterpflanze, die auch den schönen Namen Korallenliane trägt. Sie überwuchert das ganze Gebäude und umhüllt es mit Girlanden rosiger kleiner Blüten.

UNTEN UND RECHTE SEITE Ausnahmsweise hat der Gärtner das Large Palm House geöffnet. Im Inneren eine *Lodoicea maldivica*, eine riesige Seychellenpalme, direkt unter der Kuppel. Jedes Blatt braucht ein Jahr zur Entfaltung, und es vergehen mindestens drei Jahre, bis die Früchte keimen.

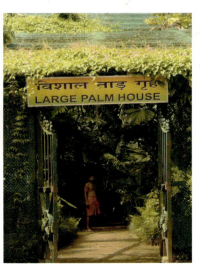

KALKUTTA UND DER COUROUPITA

Das Large Palm House hat keine geregelten Öffnungszeiten, drei Viertel der Zeit ist es geschlossen. Ich wollte einmal hineingehen und suchte eine kaputte Tür oder ein Loch im Netz und den Lianen, um wenigstens einen Blick ins Innere werfen zu können. Aber schließlich gab ich auf. Die dichten Büsche in der Umgebung und das hohe Gras erinnerten mich an einen Tag in Singapur, als ich mich unter einer großen Andenrose *(Brownea grandiceps)* platziert hatte, deren scharlachrote Blütentrauben ich fotografieren wollte, und auf einmal stürzte sich eine Armee angriffslustiger Ameisen auf meine Knöchel.

Im Mai ist es am Golf von Bengalen bereits unerträglich heiß. Und die Hitze steigert sich noch, bis im Juni der Monsun Erleichterung bringt. Kurzum, es ist nicht angeraten, tropische Gärten am Nachmittag zu besuchen, wenn die Sonne am höchsten steht, und in Kalkutta im späten Frühling, als ich das letzte Mal dort war, ist es ganz einfach unmöglich. Außerdem gibt es in diesen brütend heißen Stunden auch nichts zu sehen: Die Konturen der Landschaft verschwimmen, die Grüntöne erscheinen bloß schwarz, die Vögel verstummen, das Wasser der Seen flimmert wie Quecksilber, und die Seerosenblüten sind geschlossen. Deshalb besichtigte ich die Gewässer »bei Kühle« (was sehr relativ ist) und wartete, dass die Schatten länger wurden und die Blumen erwachten. Da rief mich einer der beiden jungen Rikschafahrer und deutete auf etwas, das ich zunächst nicht sah. Beim zweiten Blick erkannte ich eine große steinfarbene Schlange, die wie ich die späten Stunden abgewartet hatte, bis sie sich hervorwagte, und nun wohl am Seeufer auf Beutezug gehen wollte. Ich beglückwünschte mich nachträglich, dass ich darauf verzichtet hatte, durch die Büsche rund um das Gewächshaus zu schleichen: Tropische Gärten sind etwas anderes als unsere aseptischen Parks. Hier haben die Gärtner alle Mühe, das Wuchern der Pflanzen im Zaum zu halten, und anscheinend stört nichts das Leben der Tiere. Tausende Vögel bevölkern die Gärten, alle Arten von Insekten zirpen ohrenbetäubend, Echsen in allen Farben erstarren, wenn ein Besucher naht. In Penang habe ich einen Waran beobachtet, der langsam aus einem Teich voller Wasserlinsen auftauchte, der zunächst absolut unbewohnt gewirkt hatte. Edward Hyams schreibt in der Ausgabe von 1985 seines berühmten Werks *Great Botanical Gardens of the World*, dass es in Bogor in dem Teil, der absichtlich Wildnis bleibt, mindestens fünf oder sechs Schlangenarten gibt, davon drei giftige (unter anderem die Kobra). Offenbar will er seine Leser aber nicht erschrecken, denn er fügt noch hinzu: »Interessanterweise wurde in den letzten 20 Jahren niemand von einer Schlange gebissen, weder von den Angestellten des Gartens noch von den Besuchern.«

UNTEN Eine braune Eidechse im Urwaldbereich der Botanic Gardens, Singapur. Ebenfalls dort, auf dem Weg zum Kalthaus, ein *Calotes cristatellus*, der dort immer seltener wird.

FOLGENDE DOPPELSEITE Einer der Seen im Indian Botanic Garden, Kalkutta. Die Wasserfläche ist mit kleinen gelben Korollen bedeckt, die bei Regen (im April–Mai) von einer im Garten sehr verbreiteten Akazienart fallen.

LINKE SEITE Ein kleiner Waran in einem Tümpel der Botanic Gardens von Penang, Malaysia. Dieser auch als Waterfall Gardens bekannte botanische Garten wurde 1884 von den Engländern eingerichtet.

OBEN Ein Gärtner in den Botanic Gardens von Singapur. Insgesamt sind dort mehr als 200 Personen mit Kehren, Rechen, Gießen, Jäten und Schneiden beschäftigt und erledigen all die Arbeiten, die bei der Pflege der Sammlung von über 2700 Arten und Hybriden anfallen.

RECHTE SEITE Blätter und Blüten unter einer Andenrose (*Brownea grandiceps*), Botanic Gardens, Singapur.

RECHTS Bündel aus Blättern, Rinden und kleinen Zweigen, Botanic Gardens, Singapur. Jeden Morgen sammeln die Gärtner in Singapur wie in den anderen tropischen Gärten all das ein, was die Sträucher und Bäume in der Nacht abgeworfen haben. In diesen Breitengraden erneuert sich die Vegetation laufend.

DER *COUROUPITA*

Die Natur neigt in den tropischen Gefilden in jeder Hinsicht zur Übertreibung. Die Verantwortlichen in einem botanischen Garten stehen immer vor der Gefahr, dass über Nacht alle Bemühungen zunichtegemacht werden. Die Annalen des Indian Botanic Garden sind voll von Berichten über Naturkatastrophen. 1863 erreichte der Mascaret, die Gezeitenwelle, ein im Delta des Ganges häufiges Phänomen, schreckliche Ausmaße: Fünf bis acht Meter hohe Wellen traten über die Ufer und überschwemmten den Garten, trugen Salzwasser in die Seen und zerstörten sie. Im selben Jahr entwurzelte ein Wirbelsturm praktisch alle Bäume bis auf einige Mahagonibäume, den großen Banyanbaum und die Palmen, die für schwere Stürme gerüstet sind, entweder mit besonders soliden Wurzeln oder durch besondere Biegsamkeit. Im September 1878 wiederholte sich alles: erst der Mascaret, dann ein Wirbelsturm. Reinigen, graben, neu pflanzen, neu bauen: Dauernd ist etwas zu tun. Ich besuchte Pamplemousses Anfang 2008, nachdem der Zyklon Gula an Mauritius vorübergezogen war. Kurz hatte es so ausgesehen, als würde er in der Nacht doch näher kommen. In den Gärten war alles zerzaust, die Riesenseerosen *Victoria amazonica* trieben haltlos in ihren Becken voller Schlamm und Zweigen, Bäume lagen quer auf den Wegen, überall knackte es verdächtig und ließ befürchten, dass weitere Äste herabfallen würden. Es dauerte Tage, bis alles wieder aufgeräumt war.

Auch außerhalb der Wirbelsturmsaison ist die tägliche Reinigung eine schwere Arbeit. Jeden Morgen rücken in allen Gärten Putzkolonnen aus und beginnen den Tag damit, dass sie körbeweise Abfall einsammeln. In den Tropen erneuert sich die Natur unaufhörlich. Die Bäume, vor allem die Palmen, werfen permanent ihre Rinde ab. Junge, große Blätter entfalten sich ganz plötzlich, als würde eine Feder aufschnappen, und mit einem knackenden Geräusch fällt ihre Umhüllung zu Boden. Jeden Tag in der Dämmerung sammeln sich aufs Neue welke Blüten, tote Fasern und Zweige, leere, raschelnde, haarige Hülsen, pralle reife Früchte und riesige Nüsse am Boden. Darum sollte man sehr genau darauf achten, wohin man den Fuß setzt, und es ist auch angeraten, hin und wieder nach oben zu blicken. Um Unfälle möglichst zu vermeiden, sind die Bäume, die die größten Geschosse abwerfen, in der Regel fernab der Wege gepflanzt. Vermutlich deshalb bin ich in Kalkutta viele Male an einem wunderschönen, etwas abseits stehenden Baum vorbeigegangen, ohne ihn zu bemerken: einem Kanonenkugelbaum oder *Couroupita guianensis*. Seine Früchte erinnern an rostige Kugeln (daher der Name) und sind sehr schwer. Sie können zwar bis zu zweieinhalb Jahre am Baum hängen bleiben, aber irgendwann fallen sie doch herab, ganz ohne Vorwarnung.

Der *Couroupita* gehört zu den erstaunlichsten Gewächsen der Natur. Der hohe Baum (bis zu 20 Meter) trägt eine dichte Blätterkrone, aber seine Blüten und Früchte wachsen direkt an wie gedrechselt wirkenden Stielen aus dem Stamm. Allein von der Form her sieht er sehr ungewöhnlich aus, und noch ungewöhnlicher, soweit überhaupt möglich, sind seine Blüten: Rund und wächsern, erinnern sie an Muscheln und an Seeanemonen mit ihren sechs dicken, fleischigen Blütenblättern – innen rosa, außen lachsrot – und einem dicken Büschel Staubgefäße über einer Art weißem Medaillon, wo der Fruchtansatz hervorlugt. Und diese seltsame Spezies

KALKUTTA UND DER COUROUPITA

verströmt einen Duft, der an Pfingstrosen erinnert. Ich habe den *Couroupita* zum ersten Mal in Kandy auf Sri Lanka gesehen, nicht weit vom Embekke-Tempel mit den berühmten Holzschnitzereien, wo er Wurzeln geschlagen hatte. Unser Führer pflückte eine Blüte und erklärte mir, warum sie im buddhistischen Kult eine wichtige Rolle spielt: Der unter den Staubgefäßen verborgene Fruchtansatz sieht aus wie eine Miniatur-Stupa. Tatsächlich lassen die kleinen elfenbeinfarbenen Knospen an die gekalkten Halbkugeln denken, die auf Sri Lanka die Monumente des Buddhismus sind. Aber einige Zeit später versicherte mir jemand mit genauso viel Überzeugung, dass die Blüte des *Couroupita* ein traditionelles Emblem der hinduistischen Religion sei. Nach dieser Deutung erinnerten die Staubgefäße und die Knospe an eine Reihe Kobras, die sich über dem Lingam von Shiva erhoben. Dass ein so ungewöhnliches Lebewesen zu denkbar fantastischen Deutungen anregt und mit allen möglichen lokalen Mythologien in Verbindung gebracht wird, ist nicht verwunderlich. Verwunderlich ist aber die Art und Weise, wie die Menschen in Indien und Sri Lanka von diesem großartigen Baum Besitz ergriffen haben, so weit, dass sie, wie ich es oft gehört habe, überzeugt sind, dass der *Couroupita* ein echtes Produkt des indischen Subkontinents ist. Tatsächlich war der Baum bis ins 19. Jahrhundert in Indien völlig unbekannt. Auf Ceylon (wahrscheinlich in Peradeniya) soll er erstmals erst 1881 eingeführt worden sein. Wenn eine Ansiedlung gelingt und eine Pflanze physisch und im kulturellen Sinn gut anwächst, dann geraten ihre Herkunft und ihre Geschichte rasch in Vergessenheit, manchmal innerhalb von Jahrzehnten, und sie wird als heimisch betrachtet.

Wie lautet nun die Geschichte des *Couroupita*, den wir überall bewundert haben, in den Gärten am Indischen Ozean genauso wie in jenen von Malaysia und Brasilien? Wann wurde er entdeckt, dort, wo er seit langem im Dunkel der Zeit lebte, an den sumpfigen Ufern des Amazonas? Der Botaniker Jean Baptiste Fusée-Aublet (1720–1778) hat ihn nach der Rückkehr von seiner Expedition nach Französisch-Guyana von 1762 bis 1764 erstmals beschrieben und ihm den Namen »Couroupita« gegeben, ein lautmalerisches Wort, sehr exotisch, so wie Fusée-Aublet es liebte. Und dann? Was wissen wir darüber, wie es mit diesem Baum weiterging? Wie er über den Atlantik kam, von den Ufern in Südamerika an die Gestade Europas? Wie er von dort weiter nach Süden gelangte, einen Wendekreis passierte, den Äquator, einen weiteren Wendekreis und wohl wie üblich das Kap der Guten Hoffnung umrundete? Wie er dann wieder in den Norden zurückkehrte, erneut beide Wendekreise und den Äquator überquerte? Geschah das an Bord eines jener Schiffe, die auf der Brücke ganze Wälder transportierten und von weitem wie große schwimmende Gärten aussahen? Wurde er als junges Exemplar in eine jener kleinen tragbaren Kisten verpackt, die die Engländer erfunden hatten? Oder reiste er als Samenkorn, sorgfältig aufbewahrt in einer Phiole, Karaffe, einem Säckchen oder einer Vase?

Von dem gigantischen Unternehmen, das darin bestand, Tausende von Arten von einem Kontinent auf einen anderen zu bringen, fremdartige Blütenpflanzen zu mischen, um daraus neue Landschaften entstehen zu lassen und neue Industrien zu betreiben, neue Arten der Ernährung einzuführen, ist heute vieles für immer in Vergessenheit geraten.

Geblieben sind die tropischen Gärten und das lebendige Zeugnis der Pflanzen, die dort wachsen. Geblieben sind die kostbaren Pflanzensammlungen, die Namen einiger Helden aus jener Zeit und Erzählungen von ihren Abenteuern, die wie Romane klingen.

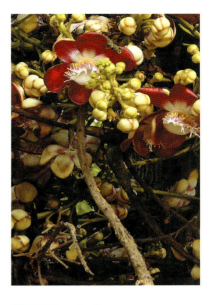

OBEN Blüten des *Couroupita guianensis*. Sie wachsen in einem Gewirr von Lianen direkt am Stamm, Indian Botanic Garden, Kalkutta.

LINKE SEITE Früchte des *Couroupita*, des Kanonenkugelbaums, Jardim Botânico do Rio de Janeiro. Während die Blüten angenehm duften, verströmen die Früchte einen abstoßenden Geruch.

VORANGEHENDE SEITEN Blüten des *Couroupita guianensis*, Indian Botanic Garden, Kalkutta. In der Blütezeit ist der Boden unter dem Baum von einem Teppich rosafarbener Korollen bedeckt.

RECHTS Typisches Bild eines tropischen Baums, der von Epiphyten und Lianen bedeckt ist. Illustration von Anton Goering (siehe S. 25).

Auf der Suche nach dem grünen Gold

»Kein Lufthauch weht, kein Fältchen kräuselt das weite, weite Meer, kein Wölkchen irrt über den klaren Himmel. Die glänzenden Sternbilder der südlichen Halbkugel leuchten in unvergleichlicher Reinheit. Schlaff hängen die Segel der ›Bounty‹ an den Masten des unbewegten Schiffes, und das Licht des Mondes, das vor der allmählich heraufdrängenden Morgenröte erblasst, schimmert geisterhaft im grenzenlosen Raum. Die ›Bounty‹, ein Schiff von 250 Tonnen mit einer Besatzung von 46 Mann, hatte Spithead am 23. Dezember 1787 verlassen unter dem Befehl von Kapitän Bligh, einem erfahrenen, aber etwas rohen Seemann, der den berühmten Cook auf seiner letzten Entdeckungsreise begleitet hatte. Die ›Bounty‹ war bestimmt, den auf Tahiti in großen Mengen vorkommenden Brotfruchtbaum nach den Antillen zu überführen. Sechs volle Monate lag William Bligh damals in der Bay von Matavi, um etwa 1000 jener Bäume zu laden, und schlug nun den Weg nach Westindien ein.«

So beginnt Jules Verne seine Erzählung *Die Meuterer der ›Bounty‹* (1879), die Geschichte einer der abenteuerlichsten Tragödien der Seefahrt. Das weitere Geschehen ist bekannt. Am 29. April 1789 bricht eine Meuterei an Bord aus, Anführer ist der Offizier Fletcher Christian. Bligh und 18 seiner Männer werden in einer einfachen Schaluppe auf hoher See ausgesetzt. Die Wurzelschösslinge des Brotfruchtbaums *(Artocarpus altilis)* werfen die Seeleute ins Wasser.

WARTEN AUF DEN BROTFRUCHTBAUM

Alles hatte mehrere Monate zuvor auf Anregung des Naturforschers Joseph Banks (1743–1820) begonnen. Er war ein persönlicher Freund von König Georg III. und Präsident der berühmten Royal Society, außerdem inoffizieller Direktor der Royal Gardens von Kew. Nach dem Ende des amerikanischen Unabhängigkeitskrieges (1783) beklagten sich die Siedler auf den britischen Karibikinseln, die nun von einem Teil ihrer Ressourcen abgeschnitten waren, über die Schwierigkeiten, Lebensmittel zu beschaffen, vor allem zur Ernährung der Sklavenarbeiter auf ihren Plantagen. Da erinnerte sich Banks – der bei der ersten Pazifikexpedition von James Cook an Bord der *Endeavour* gewesen war –, dass auf der Südseeinsel Tahiti im Überfluss große grüne Früchte wuchsen, die der einheimischen Bevölkerung als Grundnahrungsmittel dienten. Banks erschien dies ein idealer Ersatz für den ausbleibenden amerikanischen Weizen zu sein.

Die britische Regierung stimmte der Einführung des Brotfruchtbaums sofort zu. Man war sich einig, dass die Akklimatisierung auf Saint-Vincent erfolgen sollte, in den Baumschulen des dortigen botanischen Gartens, der eigens zu dem Zweck geschaffen worden war, die für das Leben und Wirtschaften in den Kolonien nützlichen Arten aufzunehmen. Und so war Kapitän Bligh unterwegs nach Saint-Vincent, als er gezwungen wurde, sein Schiff aufzugeben.

Mit seiner sieben Meter langen, vollbesetzten Schaluppe gelang es ihm, bis nach Timor (am östlichsten Zipfel des indonesischen Archipels) zu segeln, wo er nach über 5800 Kilometern auf See am 14. Juni 1789 eintraf. Von dort kehrte Bligh nach England zurück, forderte Gerechtigkeit (das Scheitern der Expedition wurde ihm nicht zur Last gelegt) und brach erneut nach Tahiti auf, diesmal an Bord der *Providence*, um endlich seine Mission zu vollenden. Und tatsächlich bestätigte der Leiter des Botanischen Gartens von Saint-Vincent im Januar 1793 den Empfang von 1200 Brotbaumschösslingen, die erfolgreich angesiedelt wurden und sich in den folgenden Jahren über die gesamte Karibik verbreiteten.

OBEN Der Brotfruchtbaum. Illustration aus dem Buch von F. R. de Tussac, *Flore des Antilles ou histoire générale botanique rurale et économique des végétaux indigènes de ces îles et des exotiques qu'on est parvenu à y naturaliser*, 1808–1828.

LINKE SEITE Villebague-Kanal, erbaut im 18. Jahrhundert vom Gouverneur Mahé de La Bourdonnais, Garten von Pamplemousses, Mauritius.

***VORANGEHENDE DOPPELSEITE* LINKS** *Dictosperma album*, eine auf den Maskarenen endemische Palmenart, auch Hurrikanpalmen genannt, weil sie Tropenstürmen widerstehen können, Garten von Pamplemousses, Mauritius.
RECHTS Blatt des Brotfruchtbaums, Professor Henry Ridley vor einem Heveabaum, Botanic Gardens, Singapur (Postkarte um 1905) und Briefmarken der Insel Mauritius.

AUF DER SUCHE NACH DEM GRÜNEN GOLD

OBEN Blick auf den Ort und die Anlage in Pamplemousses, Stich aus dem 19. Jahrhundert. Anders als manchmal vermutet, gibt es in Pamplemousses keine Pampelmusen. *Pamplemousses*, so heißt es, soll eine Erinnerung an die holländische Besetzung sein und sich vom niederländischen *pompelmoes* ableiten (*pompel*, »groß«, und *limoes*, »Zitrone«).

VORANGEHENDE DOPPELSEITE Die schraubenartig gewundenen Zweige eines Pandanusbaums, Garten von Pamplemousses, Mauririus.

MON PLAISIR IN PAMPLEMOUSSES

Im Jahr 1735 wurde Bertrand François Mahé de La Bourdonnais, Verwalter im Dienst der Französischen Ostindienkompanie, zum Generalgouverneur der Maskarenen ernannt. Er ließ sich auf Île de France nieder, einer etwas langweiligen Kolonie, die jedoch eine wichtige strategische Rolle auf der Route nach Südostasien spielte. Dort gab es dringlich ein Problem zu regeln, das auch den weiteren Aufschwung der britischen Karibikinseln zu bremsen drohte: die Versorgung.

La Bourdonnais wusste, dass die Kolonie sich nur durch die Ansiedlung von Nutzpflanzen weiterentwickeln konnte. Seine Sorgen um die Verpflegung fanden ihren Niederschlag in den Gärten des Anwesens Mon Plaisir, das er 1736 kaufte. Dort war man auf dem Land, in einer angenehmen, luftigen Gegend namens »Pamplemousses«, wo allerdings nicht eine Zitrusfrucht wuchs. La Bourdonnais ordnete umgehend den Bau einer Straße an als Verbindung zwischen seinem Landsitz und der Hauptstadt, die er kurz zuvor von Grand Port nach Port Louis verlegt hatte. Das Projekt eines botanischen Gartens war ihm bis dahin noch nicht in den Sinn gekommen, doch als er die Gestaltung seines Anwesens plante, bestimmte er trotzdem einen Platz für einen solchen Garten und dessen künftige Aufteilung. Der Villebague-Kanal, den er als steinerne Wasserleitung bauen ließ, sollte auch dazu dienen, die Pflanzungen des künftigen Gartens zu bewässern. Außerdem versuchte La Bourdonnais einige Pflanzen anzusiedeln, etwa Malabar-Zimt, Mahé-Pfeffer und 1741 die Maniokpflanze.

Eine Zeitlang diente Mon Plaisir als Residenz von Jean-Baptiste Christian Fusée-Aublet, der 1752 als »Botaniker und erster Apotheker *(apothicaire-compositeur)* der Indischen Kompanie auf Île de France« angestellt wurde. Er blieb nicht lange dort wohnen, kultivierte aber auf dem Gelände Gemüse, während die Indienkompanie »Maulbeerbäume aus China für die Zucht von Seidenraupen« anpflanzte. Freilich erfolglos. Die Maulbeerbäume wurden durch Schirmakazien oder Faulbäume ersetzt, deren Holzkohle der Herstellung von Schwarzpulver diente. Einige Jahre lang passierte nicht viel in Mon Plaisir.

LINKS Das Schlösschen Mon Plaisir im Garten von Pamplemousses, Mauritius, sieht heute noch so aus, wie es von den Engländern 1823 rekonstruiert wurde.

RECHTE SEITE Bewässerungskanal am Fuß eines *Ficus elastica*, Garten von Pamplemousses, Mauritius.

OBEN Das Viertel der ausländischen Konzessionen in Kanton im 19. Jahrhundert; Bildnis von Pierre Poivre, Stich von Lefèvre aus dem Jahr 1836.

RECHTE SEITE Indische Lotusblume *(Nelumbo lucifera)*; diese Varietät mit rosafarbenen Blüten wächst in dem Becken am Kanal Belle Eau im Garten von Pamplemousses, Mauritius.

VORANGEHENDE DOPPELSEITE Die schöne Allee der Mangobäume *(Mangifera indica)* neben dem Schlösschen Mon Plaisir, Garten von Pamplemousses, Mauritius.

DIE FASZINATION DER GEWÜRZGÄRTEN

Und dann kam Pierre Poivre (1719–1786). Die in Konkurs gegangene Indienkompanie hatte durch ein Edikt von 1764 die Herrschaft über die Maskarenen auf die königliche Verwaltung übertragen, die zwei Jahre später Poivre mit der Intendantur der Inseln Bourbon (heute La Réunion) und Île de France (heute Mauritius) betraute. Poivre machte sich 1767 auf den Weg nach Port Louis und erwarb wenig später Mon Plaisir. Anders als La Bourdonnais wählte er dieses Domizil mit der erklärten Absicht, dort einen Versuchsgarten anzulegen, und schon vor seiner Abreise organisierte er die Lieferung von Pflanzen. Bald wurde ihm ein neuer Mitarbeiter zugeteilt, ein gewisser Abbé Gallois, der sich dadurch hervorgetan hatte, dass er aus China einige interessante Pflanzen mitgebracht hatte. Poivre beauftragte den Abbé nun, in Indien und China verschiedene Arten zu sammeln (was nichts anderes bedeutete, als sie zu stehlen), »um sie nach Île de France zu schaffen«. Am 2. Februar 1767 ließ ihm Poivre präzise Anweisungen zukommen: Als Erstes sollte er nach Kanton reisen, dort zur französischen Konzession gehen und sich mit einem gewissen Dumont in Verbindung setzen, dem Kontorleiter der Indienkompanie. Dumont war informiert. Er würde dem Abbé eine Wohnung zur Verfügung stellen mit Verbindung zu einem kleinen Garten, wo der Abbé Platz für seine Sammelobjekte haben würde, bis er sie verschicken konnte. All das unter den Augen der Chinesen. Es folgte eine Liste mit den Pflanzen, die der Abbé beschaffen sollte: »mehrere Sorten frischer Weizen«, Hülsenfrüchte, Gemüsepflanzen, »Grünfutter« für das Vieh, Indigo, Teesträucher, alle Arten von Obstbäumen, Orangen und »Oranginen«, Litschi- und Longanbäume, Pfirsichbäume, Samen von Kiefern und Tannen, deren Holz »sich für den Schiffbau eignet«. In der eher dekorativen Abteilung fügte Poivre noch einige Arten an, die die königlichen Gärten von Trianon schmücken sollten: Hibiskus, »kleines Knabenkraut, welches die Chinesen in Gefäßen voller Erde ziehen« und »lien-hoa oder Lotusblumen *(Nelumbo nucifera)*«. Etwa ein Jahr später, am 20. Februar 1768, erhielt Poivre eine erste Sendung aus Kanton: fünf Kisten mit Pflanzen. Wiederum ein Jahr später brach der Abbé mit sechs weiteren Kisten nach Port Louis auf. Alle Kisten wurden offensichtlich nach Mon Plaisir gebracht, wo man sich mit der gebotenen Sorgfalt um den Inhalt kümmerte. Poivre nutzte alle seine Beziehungen und zahlreiche weitere Reisen, um möglichst viele verschiedene Arten für seinen Garten auf Île de France zusammenzutragen.

Der Garten von Pamplemousses machte sich bezahlt. Nach den Anweisungen an den Abbé zu urteilen, diente er in erster Linie noch immer der Aufzucht von Nutzpflanzen. Poivre indes hatte Größeres im Sinn: Die Baumschulen von Mon Plaisir sollten nicht nur die Subsistenzwirtschaft unterstützen, sondern die einheimische Pflanzenwelt bereichern. Und diese Entwicklung wurde zu einem einflussreichen Vorbild für die tropischen botanischen Gärten der westlichen Kolonialmächte.

Dass gerade Poivre für die Verwaltung der Maskarenen ausgewählt wurde, war gewiss kein Zufall. Die königliche Administration interessierte sich für seinen lange gehegten Traum und schlug ihm vor, ihn endlich zu verwirklichen: »Gewürzbäume« zu kultivieren, das heißt Nelken- und Muskatnussbäume, zwei Gewürze, auf die die Holländer ein Monopol besaßen. Diese Schätze sollten nun nach Mon Plaisir gebracht werden. Zum Schutz vor Stürmen wurden hohe Hecken gepflanzt, Vieh wurde angeschafft, das den zum Düngen nötigen Mist liefern sollte. Alles war bereit. Doch es drohte Ungemach: Seit die Holländer die Molukken besetzt hatten (um 1621), war Amsterdam der wichtigste Umschlagplatz im Gewürzhandel, und die niederländische Indienkompanie erzielte beachtliche Gewinne. Der gesamte Gewürzhandel wurde streng überwacht. Darum war das Vorhaben schwierig, aber nicht unmöglich. Einige Jahre zuvor hatte Poivre schon einmal sein Ziel erreicht.

DER GARTEN DES KÖNIGS

Poivre war, wie erwähnt, bereits viel herumgekommen. Einmal geriet er nach unbeschreiblichen Abenteuern auf der Insel Java in Gefangenschaft, und weil er dort keinerlei Beschäftigung hatte, begann er sich für den Gewürzhandel zu interessieren und dafür, wie die Holländer ihr Monopol schützten. Und er erkannte, was für riesige Profite auf einen wagemutigen Konkurrenten warteten. Zurück in Frankreich schlug er der Indienkompanie vor – die die Verwaltung der Maskarenen bis dahin sehr viel gekostet hatte und die nach Mittel und Wegen suchte, ihre Ausgaben wieder hereinzuholen –, sie könnte »den Holländern das Monopol auf die Gewürze rauben« und die entsprechenden Pflanzen auf Île de France ansiedeln. Der Kompanie gefiel die Idee, und sie beauftragte Poivre unter striktester Geheimhaltung mit der Mission. Seine erste Expedition gelang schon recht gut. Er kehrte am 2. Dezember 1753 mit fünf Muskatbaumpflanzen nach Port Louis zurück, die die Reise offenbar gut überstanden hatten. Aber wo sollte man sie setzen? Damals war noch kein Garten dafür gerüstet, auch Mon Plaisir kam nicht in Frage. Das Gelände war nur unzureichend vor Sonne und Wind geschützt, und Poivre misstraute Fusée-Aublet, dem Direktor des Gartens. Kurzum, die Muskatnussbäume blieben vier Monate in ihren Transportkisten. Mangels anderer Möglichkeiten verteilte Poivre die Pflanzen schließlich an drei Siedler auf der Insel, die sich bereit erklärten, sie zu versorgen, sobald er zu seiner nächsten Expedition aufbrechen würde. Bei seiner Rückkehr waren die Pflanzen alle eingegangen. Die Indienkompanie befand, sie habe zu viel in dieses Abenteuer investiert, und gab Poivre den Laufpass. Alles war wieder am Anfang. Ende des ersten Aktes.

OBEN Nicolas Collignon, Gärtner und Botaniker, war Mitglied der Expedition von Jean-François de La Pérouse; hier Kisten zur Unterbringung der gesammelten Pflanzen. Die Aquarelle sind das Werk von Gaspard Duché de Vancy, dem offiziellen Zeichner der Expedition. Mannschaft und Schiffe verschwanden 1788 spurlos.

UNTEN Die Muskatnuss ist der Samen in der Frucht des Muskatnussbaums, die (in der Form) sehr an unsere Aprikosen erinnert. Die Nuss ist von einer rötlichen Samenhülle (Macis) umgeben, die getrocknet einen feinen Duft verströmt.

LINKE SEITE Der Citron fließt durch den sogenannten »Petit Jardin« im Garten von Pamplemousses, Mauritius.

FOLGENDE DOPPELSEITE Sogenannte »Madagaskar-Muskatnüsse«, Garten von Pamplemousses, Mauritius. Nur die Nüsse von *Myristica fragrans* dienen dem Verzehr.

AUF DER SUCHE NACH DEM GRÜNEN GOLD

UNTEN Eine blaue Seerose *(Nymphea)* im Kanal Belle Eau, Garten von Pamplemousses, Mauritius. Diese Seerosenart kommt auch in Weiß, Gelb und Rosa vor.

RECHTE SEITE *Cinnamomum burmanii* (Zimt), Exemplar, das der Botaniker Philibert Commerson 1768 von Île de France (Mauritius) mitgebracht hat; Herbarium des Naturkundemuseums in Paris. Commerson kam mit der Expedition von Louis Antoine de Bougainville im November 1768 nach Île de France und blieb auf Bitten von Pierre Poivre. Bis zu seinem Tod (1773) wirkte er an der Erweiterung der Gärten von Mon Plaisir mit, wo er viele »nützliche Bäume« pflanzen ließ. Die meisten Samen hatte er von seinen Reisen auf der *Étoile*, einem der beiden Schiffe von Bougainville, aus Amerika und Tahiti mitgebracht.

FOLGENDE DOPPELSEITE Das Seerosenbecken, in dem heute die große *Victoria amazonica* wächst, war ursprünglich ein Teich, den Nicolas Céré 1778 im Garten von Pamplemousses, Mauritius, anlegen ließ.

Jetzt, im Frühjahr 1769, konnte Poivre, inzwischen mit dem Titel des Intendanten, erneut sein Glück versuchen. Er benannte einen gewissen Provost (der Malaiisch sprach) als Expeditionsleiter. Das Navigieren in unbekannten Gewässern und mit schlechten Karten erwies sich als schwierig. Doch trotz widriger Umstände, Geldmangel und aller möglichen Gefahren kehrte Provost ein Jahr später zurück. Er war knapp den Holländern entkommen, hatte Erschöpfung und Fieberanfälle überstanden, aber er hatte die Gunst eines molukkischen Königs gewinnen können, der ihm den Weg zu unentdeckten Muskat- und Nelkenhainen wies. Und so brachte er am 24. Juni 1770 eine sagenhafte Ausbeute an Gewürzen mit nach Île de France. Zwei Tage später inventarisierte man im Amtssitz der Intendanz alles feierlich und dokumentierte den Vorgang in einem Protokoll. Heute können wir uns das ungläubige Staunen über eine solche Ladung kaum noch vorstellen, die 70 belaubte Nelkenbäume umfasste und Kisten voller Keimlinge, dazu 450 Muskatnusspflanzen und 10.000 Muskatnüsse, die in Reihen auf Erdschichten lagerten, bereit für die Anzucht im Gewächshaus. Der berühmte Botaniker Philibert Commerson, der zugegen war, wurde mit der Expertise beauftragt. Poivre erkannte den Erfolg an und entsandte Provost erneut in niederländische Gewässer. Im Juni 1772 kehrte er mit einer Fülle von Pflanzen und Samen zurück. Povire schrieb an den Marineminister und teilte ihm mit, die auf die Insel gebrachten Gewürze würden zu großen Hoffnungen Anlass geben. Und, so fügte er hinzu: »Der Garten von Monplaisir [*sic*], den ich nach dem Vorbild der Gärten von Banda und Amboyne [Ambon] angelegt habe und den ich vom ersten Augenblick an, seit ich hierher gekommen bin, zu meiner wichtigsten Aufgabe gemacht habe, ist heute der reichste Garten des Universums dank der gewaltigen Sammlung von Pflanzen, die ich zusammengetragen habe.« Es war unvorstellbar, dass ein solcher Garten, damals einzig in seiner Art, nicht königliches Eigentum sein sollte. Er wurde es 1772, als Poivre am Ende seiner Amtszeit, kurz bevor er die Insel verließ, sein Land an den Staat verkaufte, sehr unter seinem realen Wert, wie Poivres Nachfolger konstatierte: »Es war normal, dass der Handel so ausging, denn die Bäume, die man hierher transportiert hatte und die den Reichtum des Gartens ausmachen, wurden auf Kosten des Königs hergebracht.« Der Garten erhielt den offiziellen Namen »Garten des Königs in Mon Plaisir«.

Es dauerte nicht lang, und es gab bald überall »Gärten des Königs«. Der Garten von Bourbon wurde in den 1760er und 1770er Jahren angelegt. In Mahé auf den Seychellen, wo sich die Franzosen kurz zuvor niedergelassen hatten (1756), richtete man einen Versuchsgarten ein. In Westindien entstanden der Garten des Königs in Cayenne (1786) in Französisch-Guyana und der von Santo Domingo (1777). Diese Gärten übernahmen die Gewürzkultur von Île de France, wo nun Nicolas Céré, Freund und ehemaliger Mitarbeiter Poivres, mit der Aufsicht über die Pflanzenzucht von Mon Plaisir beauftragt wurde. Die Ergebnisse zeigen, dass er seine Aufgabe gut machte: Im Oktober 1776 erntete man in Pamplemousses die ersten Gewürznelken, und zwei Jahre später die erste »frische und vollständige« Muskatnuss. Die ersten Ergebnisse der Bemühungen wurden natürlich sofort dem König übersandt. Der Erfolg war vollkommen.

LINKS Ansicht des Gartens von Pamplemousses; Stich aus dem Buch von M. J. Milbert, *Voyage pittoresque à l'Ile de France*, erschienen 1812.

AUF DER SUCHE NACH DEM GRÜNEN GOLD

UNTEN OBERE ABB. Einer der riesigen Bäume in der Céré-Allee.
UNTERE ABB. Spindelpalmen (*Hyophorbe verschaffeltii*) und Affenbrotbäume (*Adansonia digitata*), Pamplemousses, Mauritius.

RECHTE SEITE *Myristica fragrans* (Muskatnuss); das Schild ist von Nicolas Céré unterschrieben: »duftende Muskatnüsse, reif gesammelt am 8. Oktober 1782 im königlichen Garten Monplaisir«, Naturkundemuseum, Paris.

EIN TRIUMPH FÜR ALLE

Die Gewürze von Mon Plaisir wurden systematisch über die tropischen französischen Kolonien verteilt. Céré sorgte sich wegen dieses weltweiten Austauschs und ordnete an, sollte ein französisches Schiff von Engländern geentert werden, seien die Pflanzen und Samen sofort über Bord zu werfen. Außerdem hatte er noch andere Sorgen. In den 1780er Jahren stand es nicht gut um die Finanzen der Maskarenen, und der Generalkommissar der Kolonien erwog harte Einschnitte in den Haushalt der Insel. Der Garten von Mon Plaisir kostete viel und brachte weniger ein als gewünscht, deshalb geriet er ins Visier von Sparbemühungen. Vorsichtig ausgedrückt, ließen sich die Siedler nicht wirklich für den Anbau von Muskatnüssen und Nelken begeistern: Bis ein »Gewürzbaum« Früchte trägt, dauert es fast sieben Jahre. Im Vergleich dazu waren der Anbau von Kaffee (bis 1800 das »schwarze Gold« der Insel Bourbon) oder Zuckerrohr viel rentabler. Céré versprach, dass bis 1800 die Gewürzpflanzen ihren vollen Ertrag bringen würden – was das Problem erst einmal nicht löste. Er trug weitere Argumente vor, zählte in einem Bericht vom Juni 1785 alle Pflanzen auf, die in Mon Plaisir kultiviert wurden (über 600 Arten), und alles, was der Garten leistete: von den Expeditionen zum Sammeln von Schösslingen und Samen, die zur Bereicherung von Bourbon, Madagaskar, Pondichéry und Cayenne dienen sollten, bis zu den Pflanzenkisten und Herbarien, die regelmäßig an den »Jardin Royal des Plantes« in Paris geschickt wurden – zur großen Freude der Botaniker, die immer noch mehr verlangten. Ganz zu schweigen von speziellen Sendungen wie jenen an seine Majestät Kaiser Joseph II. von Österreich (den Bruder von Marie-Antoinette): 1782 lief die *Stadt Wien* wie ein schwimmender Garten aus Port Louis aus, die Brücke beladen mit Kisten und einem ganzen Wald seltener Bäume, die den kaiserlichen Park von Schönbrunn verschönern sollten. Dass ein Garten »auf einer so weit vom Mutterland entfernten Insel, die wie in den Indischen Ozean geworfen daliegt«, so reich war und solche Wunder zu bieten hatte, lasse ausländische Besucher erstaunen. Das Verdienst – und dieses Argument rettete Mon Plaisir schließlich – falle dem Herrscher zu, der solch schöne Leistungen unter seinen Schutz stelle.

Am Ende blieb der Garten von Sparmaßnahmen verschont, größtenteils dank seines enormen Renommees. Im Übrigen betrieb Île de France nie in nennenswertem Umfang Gewürzanbau, das Schicksal der Insel blieb vielmehr mit Zuckerrohr verbunden. Doch als sie britisch wurde – und fortan »Mauritius« hieß –, entwickelte sich der Gewürzanbau zu einem Segen für Sansibar, das die ersten Nelkenbaumschösslinge von Pamplemousses erhielt. Jedenfalls verbreiteten sich aus den Baumschulen, die Céré so eifersüchtig hütete und die mit Baumschulen in anderen französischen Gärten verbunden waren, Nelken und Muskatnüsse wie eine Pulverspur im britischen Weltreich. In den 1790er Jahren bestellte der jamaikanische Garten von Liguanea in Kew Muskatnüsse. Die Lieferung war anscheinend kein Problem. Und der Garten von Saint-Vincent erhielt während des Friedens von Amiens (1802) zwei Muskatbaumschösslinge vom französischen Garten von Cayenne. Als Nächstes pflanzte Trinidad (ab 1818) erfolgreich Muskatnussbäume an. Aus dieser Kultur sowie aus dem Garten von Saint-Vincent stammten wohl die Bäume, die bald so prächtig auf der britischen Insel Grenada gediehen.

FOLGENDE DOPPELSEITE Früchte und Blüten des Affenbrotbaums, den Nicolas Céré nach Pamplemousses gebracht hat (S. 102–103); das Grand Bassin, angelegt von Nicolas Cérés Sohn Auguste nach 1810 (S. 104–105).

RECHTS Früchte des Javaapfels (*Syzygium samarangense*), eines kleinen Obstbaums, den Nicolas Céré in Pamplemousses eingeführt hat (siehe auch S. 166).

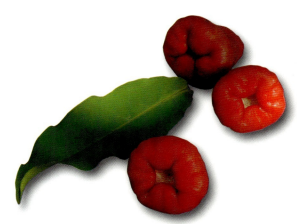

AUF DER SUCHE NACH DEM GRÜNEN GOLD

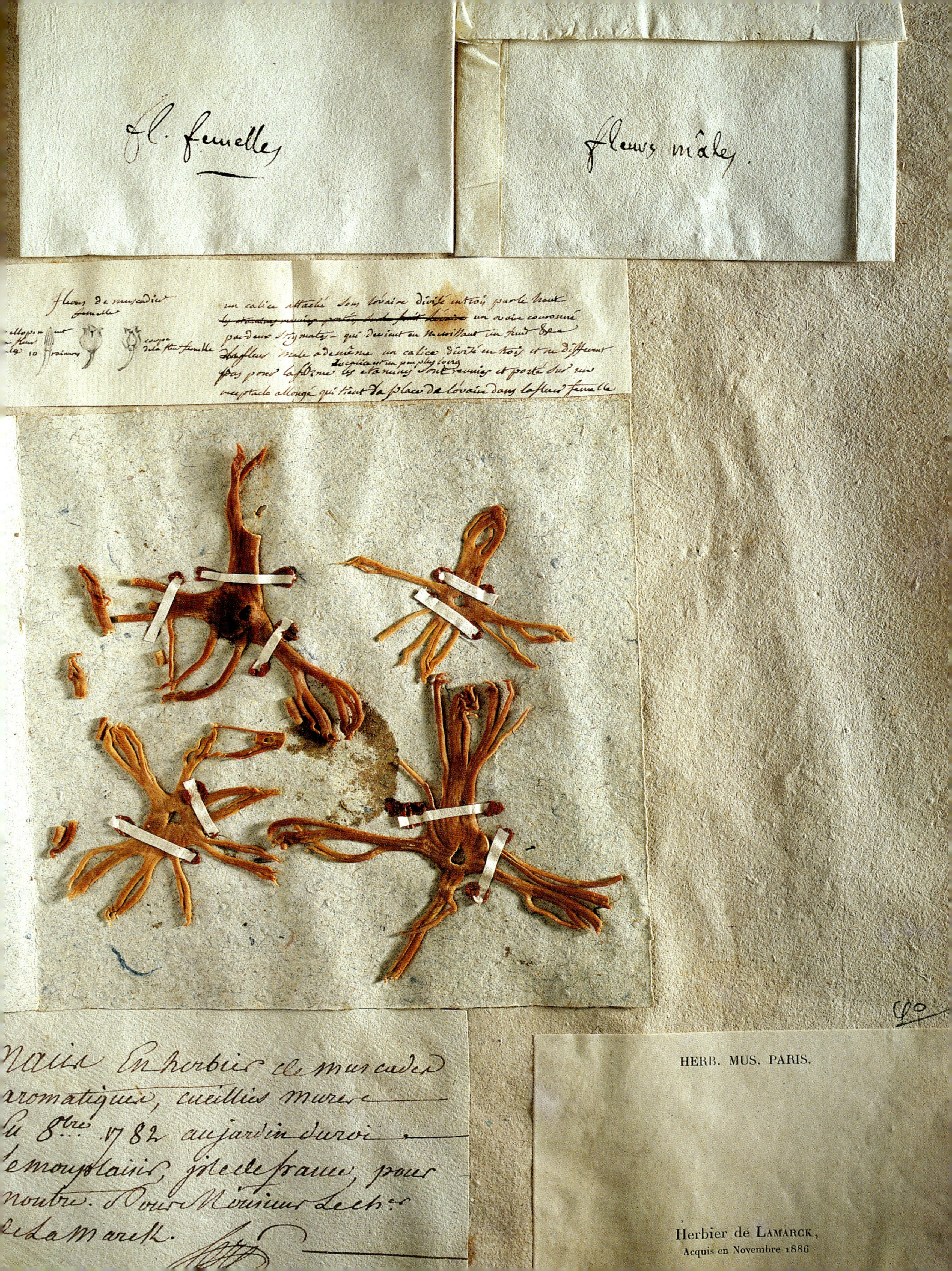

fl. femelles

fleurs mâles.

fleurs de muscadier
femelle

un calice attaché sous l'ovaire divisé en trois parle haut
un ovaire couronné
par deux stigmates qui deviennent en murissant un fruit sec

La fleur mâle a de même un calice divisé en trois, et ne diffère
pas pour la forme un peu plus long
les étamines sont réunies et portée sur un
réceptacle allongé qui tient la place de l'ovaire dans la fleur femelle

Voici un herbier de muscader
aromatique, cueillies mures
le 8bre 1782 au jardin du roi
le mon plaisir, Ile de France, pour
montrer. Pour Monsieur Lech...
de la Marck.

HERB. MUS. PARIS.

Herbier de LAMARCK,
Acquis en Novembre 1886

Die Portugiesen wussten wie die Engländer Bescheid über die großartigen Erfolge in Pamplemousses und die mit Mon Plaisir verbundenen Gärten. Sie profitierten ihrerseits davon, insofern sie auf doppelte Weise Revanche nahmen: an der Geschichte und an den Franzosen. Die Geschichte war der ehemalige Glanz Portugals, das im 16. Jahrhundert seine unangefochtene Seeherrschaft und sein Monopol auf den Gewürzhandel verloren hatte. 1807 besetzten die Franzosen Lissabon (während der Napoleonischen Kriege). Prinzregent João und sein gesamter Hof mussten ins Exil in das portugiesische Vizekönigreich Brasilien gehen und ließen sich in Rio de Janeiro nieder, künftig die Hauptstadt des portugiesischen Weltreichs. Während die königliche Familie nach Amerika segelte, bereitete sich die Stadt auf ihre neue Stellung vor und unternahm einige Veränderungen. Um auf einen feindlichen Angriff vorbereitet zu sein, befahl man umgehend den Bau einer Fabrik für Schießpulver. Auf demselben Gelände wollte man auch einen Garten zur Akklimatisierung von Pflanzen anlegen. Das ganze Projekt unterlag höchster Geheimhaltung; die Verbindung von Schwarzpulver und Pflanzen illustriert deutlich, wie sehr Botanik damals eine hochpolitische Angelegenheit war. Es entstand einer der größten botanischen Gärten der Welt: der Jardim Botânico do Rio de Janeiro. Es blieb die Aufgabe, interessante Gewächse anzusiedeln, die man, aus Bequemlichkeit genauso wie gezwungenermaßen, aus französischen Gärten beschaffen musste. 1809, ein Jahr nach der Gründung des Jardim Botânico, drangen portugiesische Truppen nach Französisch-Guyana vor und marschierten auf Cayenne zu mit dem Befehl, nur ja nicht den schönen botanischen Garten zu beschädigen, der den schönen Namen »La Gabrielle« trug. Was man dort an seltenen und nützlichen Pflanzen fand, nahm man mit nach Rio, darunter Nelkenbäume und eine Zuckerrohrsorte, die deutlich höhere Erträge brachte als das brasilianische Zuckerrohr. Im selben Jahr bediente sich ein portugiesischer Offizier mit Namen Luis de Abreu Vieira e Silva sogar direkt in den Zuchtanlagen von Nicolas Céré. Nachdem er aus französischer Gefangenschaft hatte fliehen können, gelang es ihm, Cérés Schutzvorkehrungen in Pamplemousses zu überwinden. Er kam mit einer großen Zahl von Gewürzbäumen und exotischen Samen nach Rio und erhielt einen goldenen Orden sowie einen Brief des Prinzregenten, der ihn zu seinem »Eifer und Patriotismus« beglückwünschte.

UNTEN UND LINKE SEITE Bromelien vor der sogenannten Kurt-Glasl-Grotte, die in der zweiten Hälfte des 19. Jahrhunderts angelegt wurde, Jardim Botânico, Rio de Janeiro.

FOLGENDE DOPPELSEITE LINKS Blüten von *Cassia fistula*, Garten von Pamplemousses, Mauritius. RECHTS Eingangsportal der königlichen Akademie der schönen Künste (der Rest des Gebäudes wurde zerstört) am Ende der Allee Barbosa Rodrigues, erbaut um 1810, Jardim Botânico, Rio de Janeiro.

OBEN Diese Fabrik zur Herstellung von Schwarzpulver in Rio de Janeiro wurde zur selben Zeit (1808) errichtet wie ein Versuchsgarten; Aquarell von Thomas Ender, 1817–1818 (Akademie der schönen Künste in Wien).

OBEN Die Casa dos Pilões, die zu der alten Pulverfabrik gehörte, Jardim Botânico, Rio de Janeiro.

AUF DER SUCHE NACH DEM GRÜNEN GOLD

DIE GROSSE SAMENTEILUNG

Es mag verwundern, wie viel Energie und Listenreichtum aufgewendet wurde, um an Samen und Setzlinge zu kommen. Wäre es nicht einfacher gewesen, sich direkt an die Botaniker zu wenden? Sie tauschten unter Kollegen ohne weiteres Pflanzen aus, lebendige wie getrocknete, oder verschenkten sie. Selbst Amateure wurden bei solchem Tausch einbezogen, sofern sie hinreichend Begeisterung zeigten. Das gehörte gewissermaßen zur Berufsehre des Botanikers.

Im Übrigen erhielt das Naturkundemuseum in Paris 1793 vom Konvent offiziell den Auftrag, seltene Pflanzen und Samen, die bei den verschiedenen Exkursionen und Expeditionen zusammengekommen waren, möglichst weit zu verteilen. Kew verfolgte eine ähnliche Politik.

Die Botanik kannte keine Grenzen. Sir Joseph Banks, bis 1820 Direktor von Kew, war das beste Beispiel dafür (obwohl einige böse Zungen munkelten, er habe bisweilen heimlich die Samen abgetötet, die er ins Ausland schickte). Natürlich freute er sich als Untertan Ihrer Gnädigen Majestät über die französischen Niederlagen im Indischen Ozean und scheute sich nicht, gegen die Franzosen als die »natürlichen Feinde Britanniens« zu wettern. Aber daneben stand er den Kontinentaleuropäern durchaus offen gegenüber, unterhielt enge wissenschaftliche Beziehungen mit Frankreich und machte keinen Hehl aus seiner Bewunderung für das in Pamplemousses Geleistete, tauschte Komplimente, Samen und Pflanzen mit Buffon und Thouin (dem obersten Gärtner des Jardin des Plantes) in Paris. Die französischen Gelehrten wählten ihn im Gegenzug zum ausländischen Mitglied des Institut de France.

Schließlich zirkulierten Gewächse in jeder Form. Das Problem bestand nun weniger in ihrer Beschaffung als darin, die Bedingungen herzustellen, um sie adäquat unterbringen und studieren zu können, mit genauso viel Erfolg wie auf Île de France. Das war das große Anliegen von Banks, und er tat alles, um in diesem Sinne Einfluss auf die East India Company zu nehmen. Denn während die Kolonialgärten des britischen Empire zunächst vorwiegend in Nord- und Südamerika gelegen hatten, gewann nun Asien an Bedeutung.

LINKE SEITE *Dyplasium mutiluni*, Herbarbogen aus dem Herbarium des Jardim Botânico do Rio de Janeiro, der dem Naturkundemuseum von Paris übergeben wurde; die Bezeichnung »Martii« (auf dem Schild unten links) weist darauf hin, dass diese Pflanze zwischen 1817 und 1820 gesammelt wurde, als der deutsche Botaniker Carl Friedrich Philipp von Martius (1794–1868) Brasilien bereiste. Er verfasste 1840 eine *Flora Brasiliensis*.

RECHTS Früchte von Mimosengewächsen, Garten von Pamplemousses, Mauritius.

UNTEN Alte Schilder aus dem Herbarium des Jardim Botânico do Rio de Janeiro.

AUF DER SUCHE NACH DEM GRÜNEN GOLD

OBEN Eingang zum botanischen Garten von Kalkutta, vom Hooghly her gesehen. Links am Ufer ein elegantes angloindisches Gebäude (wahrscheinlich als Residenz für die Leiter des Gartens konzipiert); Aquatinta von James Baillie Fraser (1783–1856).

RECHTE SEITE Gärtner im Garten von Peradeniya, Kandy, um 1900.

VORANGEHENDE DOPPELSEITE LINKS Riesenbambus *(Dendrocalamus giganteus)* im Jardim Botânico do Rio de Janeiro, wo sie 1854 eingeführt wurden.
RECHTS Die gleiche Pflanze im Garten von Peradeniya, Kandy, um 1880. Der Riesenbambus (die Halme können bis 30 Zentimeter Durchmesser erreichen) wächst um bis zu einen Meter pro Tag und kann eine Wuchshöhe von 40 Metern erreichen.

DIE BLÜTE DER GÄRTEN IN ASIEN

Colonel Robert Kyd, auf Posten in Kalkutta, hatte sich nahe dem Dorf Sibpur ein Landhaus erbauen lassen, auf einem Felsvorsprung über dem Hooghly, der damals den Namen Shalimar trug. Das Land schien ihm bestens geeignet für die Anlage eines Akklimatisierungsgartens. Die Nähe zum Hafen von Kalkutta sprach für Teakholzkulturen, so könnte sich die East India Company Holz für den Schiffbau beschaffen. Es war auch vorgesehen, andere exotische Arten anzusiedeln, darunter natürlich Gewürze. Schließlich steckte man immer noch mitten in der Muskatmanie. Im Juni 1786 schrieb Kyd an die Londoner Niederlassung der Company und unterbreitete seinen Vorschlag. Im Jahr darauf wurde der botanische Garten von Kalkutta gegründet.

1810 schlug der Oberbefehlshaber auf Ceylon die Einrichtung eines Gartens vor mit der Absicht, durch die Einführung neuer Pflanzen die Einnahmen der Kolonie zu steigern. Banks entsandte aus Kew umgehend einen gewissen William Kerr, der zum Obersten Gärtner ernannt wurde mit der Aufgabe, »für die wirtschaftlichen Interessen der Insel und für den Fortschritt der botanischen Wissenschaft zu arbeiten«. Kerr legte einen ersten Garten auf Slave Island an und einen zweiten in Kalutara. Kurz darauf starb er. Sein Nachfolger wurde beauftragt, einen anderen, wohl besser geeigneten Ort für einen Garten zu suchen. Die Wahl fiel auf Peradeniya bei Kandy, wo man sofort mit dem Ausbau begann.

In Nordindien entstand 1817 der Garten von Saharanpur, der sich auf die Kultivierung von Bauholz spezialisierte. Ebenfalls im Jahr 1817 ging auf Java der großartige Garten von Niederländisch-Indien in Betrieb: Buitenzorg. Durch einen Zufall der Geschichte war es ein Verwalter der East India Company, Stamfort Raffles, gewesen, der 1811 den Ort für den Garten ausgewählt und die Anlage entworfen hatte, während Großbritannien den holländischen Archipel kurzfristig besetzt hielt. Raffles, zum stellvertretenden Gouverneur von Java befördert, hatte sich in dieses Stück Land mit den sanften Hügeln verliebt und ließ den Garten nach englischer Tradition anlegen, er schuf auch das Schmuckstück: einen Palast mit weißen Kolonnaden. Dieses schöne Bauwerk im Stil von Palladio in englischer Adaption bildet bis heute den Mittelpunkt des Gartens von Bogor, ehemals Buitenzorg.

LINKS Palmenallee, Garten von Buitenzorg, Java, Postkarte, um 1900.

AUF DER SUCHE NACH DEM GRÜNEN GOLD

Im Jahr 1818 wurde Raffles an die Südspitze der Malayischen Halbinsel geschickt. Dort gründete er Anfang 1819 die Stadt Singapur. Nicht weit von seinem Bungalow auf dem Government Hill, von wo er freien Blick auf das Meer und eventuelle Angreifer hatte, plante er bald die Errichtung eines botanischen Gartens. Ein Gärtner wurde eingestellt, und Raffles vertraute ihm 125 Muskatnussbäume sowie 1000 Muskatnüsse an, außerdem 450 kleine Gewürznelkenbäume. Diese Kulturen waren der Ursprung der großen Gewürzplantagen, die sich bald über die ganze Kolonie ausbreiteten. Aber von einem echten botanischen Garten konnte man da noch nicht sprechen. Raffles setzte alle Hebel in Bewegung, um die Bewilligung – und das Geld – von seinen Vorgesetzten zu bekommen. Doch die East India Company spielte nicht mit. Vor allem in seiner Zeit auf Java hatte Raffles Pflanzenjäger dafür bezahlt, dass sie ihm Exemplare der lokalen Flora für sein eigenes Herbarium und für das von Kew brachten. Er hatte sogar einen Chinesen aus Macau in seine Mannschaft aufgenommen, der Zeichnungen der Pflanzen anfertigen sollte, die so empfindlich waren, dass man sie nicht pressen und trocknen konnte. Das missfiel der Company sehr, denn sie hatte es nicht gern, wenn man ihr Geld für solche unbedeutenden Liebhabereien, wie sie fand, ausgab.

Allem Anschein nach sah die East India Company, die bis 1858 die Kolonien in Indien und Asien verwaltete (dann nahm die Krone die Zügel in die Hand) keine direkte Verbindung zwischen ihren wirtschaftlichen Interessen und rein botanische Aktivitäten.

Die Company hielt sich nicht mit Spielereien auf. Ein Garten, durchaus, aber er sollte sich rentieren, und zwar so schnell wie möglich. Es gab keine kleinen Profite wie zum Beispiel in Peradeniya, wo Superintendent Alexander Moon seit den 1820er Jahren gehalten war, Einnahmen zu produzieren, und seien sie bescheiden, auf welche Weise auch immer. Deshalb sammelte er die Überschüsse des Gartens ein, Kokosnüsse und Früchte des Jackbaums, und ließ sie in die Stadt bringen, wo ein *revenue commissioner* es übernahm, sie auf dem Markt zu verkaufen. Im Übrigen durfte keine Parzelle Land ungenutzt bleiben, andernfalls waren dort sofort Kaffeesträucher anzubauen in dem Bestreben, Gewinn zu machen. Und letzte Anweisung an Moon: Er sollte dafür sorgen, dass seine Angestellten so wenig kosteten wie möglich.

UNTEN Der Friedhof der ersten Siedler. Die Grabsteine stehen auf den Hügeln von Fort Canning (früher Government Hill) in Singapur. Ganz in der Nähe befindet sich heute ein Gewürzgarten, der an die ersten Pflanzenansiedlungen durch Raffles erinnert.

LINKE SEITE UND VORANGEHENDE DOPPELSEITE Frucht des Schraubenbaums (*Pandanus*, es gibt 600 verschiedene Arten), Garten von Pamplemousses, Mauritius, und Wurzeln, Botanic Gardens, Singapur.

UNTEN Schraubenbaum mit weit über seine Luftwurzeln herabhängenden Blättern, Botanic Gardens, Singapur, Postkarte, um 1900, und alte Briefmarke von Singapur.

AUF DER SUCHE NACH DEM GRÜNEN GOLD

Roxburghs Ikonen: ein englisch-indisches Gemeinschaftswerk

Im Arbeitszimmer von William Roxburgh, dem Superintendenten des botanischen Gartens von Kalkutta, gab es zwei Stapel. Auf dem einen lagen handschriftliche Notizen zu den Pflanzen, die er zeit seines Wirkens in Indien akribisch beschrieb, seit er 1776 seinen ersten Posten in Madras angetreten hatte. Auf dem anderen Stapel lagen Zeichnungen ebendieser Pflanzen, in Originalgröße angefertigt von lokalen Künstlern. Bis zu seinem Tod 1815 katalogisierte er rund 2600 Arten. Seine Beschreibungen zusammen bilden die berühmte *Flora Indica*, bis heute das maßgebliche Standardwerk zur Flora des indischen Subkontinents. Parallel dazu hatte er rund 2500 Zeichnungen in Auftrag gegeben, seine berühmten »Ikonen«.

1789, als Roxburghs Leidenschaft für die Botanik sich bereits gegen seine Tätigkeit als Chirurg (im Dienst der East India Company) durchgesetzt hatte, sagte er, die beiden indischen Maler, die er beschäftigte, hätten 400 bis 500 Zeichnungen fertiggestellt. Ein Jahr später waren es bereits 700. Doch er war nicht ganz zufrieden damit und beklagte an ihren Arbeiten »eine gewisse Steifheit«. Das Können der beiden Künstler stand außer Frage. Beide waren Profis – vielleicht kamen sie aus der Textilindustrie – und hatten offensichtlich Erfahrung mit der Darstellung von Pflanzen und Blumen. Doch der Realismus der Darstellung, den Roxburgh zwingend für seine botanischen Blätter verlangte, zählte in Indien nicht zu den Kriterien eines gelungenen Werkes. Auch dass die Europäer so großen Wert auf die Perspektive legten, verstanden die Inder nicht, ihrer Maltradition war die Perspektive fremd.

Darum dauerte es einige Zeit, bis sich in den Bildern perfekt die wissenschaftlichen Erwartungen des Auftraggebers und die kulturelle Identität der Schöpfer verbanden. Denn die indische Prägung blieb glücklicherweise erkennbar, zumal Roxburgh – der sehr darauf bedacht war, lokale Ressourcen zu nutzen – die Maler traditionelle Pigmente verwenden ließ, darunter zum Beispiel das indische Gelb, das aus dem Urin von Kühen gewonnen wurde, die man mit den Blättern von Mangobäumen gefüttert hatte.

Das Papier hingegen kam aus England, ein schönes Faserpapier, das Roxburgh eigens in großen Mengen in London bestellte und das fest und glatt genug war, um dem feuchten Klima von Kalkutta widerstehen zu können.

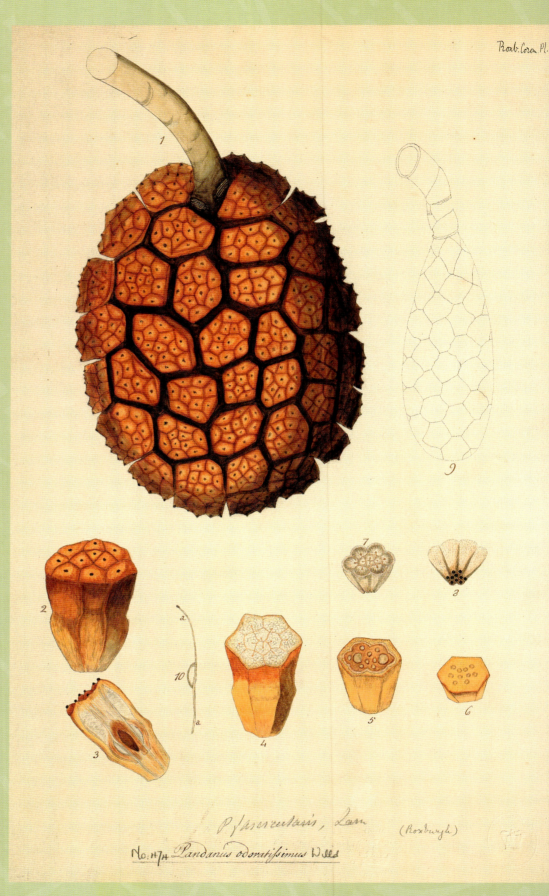

OBEN *Pandanus odoratissimus* Willd., Aquarell auf Papier, Ikone Nr. 474 in der *Flora indica* von William Roxburgh.

RECHTE SEITE OBEN *Tacca chantrieri* (oder Fledermausblume), schwarze Varietät der kleinen und sehr exotischen Familie der Taccaceen, Botanic Gardens von Singapur.

UNTEN *Tacca aspera* R., Aquarell auf Papier, Ikone Nr. 2218 der *Flora indica* von William Roxburgh.

Roxburgh ließ seine Notizen, die zusammen die *Flora indica* bilden, und sämtliche Zeichnungen kopieren. Unmittelbar vor der Abreise aus Indien übergab er seinem hochgelehrten Freund William Carey (einem berühmten Baptistenmissionar) eine Kopie des Manuskripts, und dem botanischen Garten von Kalkutta hinterließ er einen Satz der Zeichnungen. Einen zweiten Satz Zeichnungen sowie ein weiteres Exemplar des Manuskripts nahm er mit nach England. Beide befinden sich heute in London, im botanischen Garten von Kew. Offenkundig hatte Roxburgh geplant, die Bilder und Aufzeichnungen zu einem Werk zusammenzuführen. Zu diesem Zweck hatte er ein System der Nummerierung ersonnen, das erlaubte, Bilder und Texte einander zuzuordnen. Doch das illustrierte Werk – das sicher gewaltig und dementsprechend sehr teuer gewesen wäre – erschien nie. Herausgegeben von Carey gab es posthume Veröffentlichungen der *Flora indica*: einmal in zwei Bänden (Band I 1820 und Band II 1824) und 1832 in drei Bänden. Aber weder die eine noch die andere Ausgabe enthielt Illustrationen. Erstaunlicherweise wurden von insgesamt 2533 herrlichen Ikonen bis heute nur 700 veröffentlicht: 300 in dem Werk *Plants of Coromandel Coast*, das zwischen 1795 und 1819 von der East India Company herausgegeben wurde, und ungefähr 300 Schwarzweißzeichnungen in Robert Wights Sammlung *Icones Plantarum India Orientalis* (1838–1853).

UNTEN Ein (heute geschlossener) Eingang zum Indian Botanic Garden, Kalkutta, er führte direkt zum großen Banyanbaum (S. 60–61), dessen gewaltige Größe und Schönheit bereits die Besucher im 19. Jahrhundert bewunderten. Ein junger britischer Anwalt namens G. W. Johnson, der in den 1830er Jahren in Kalkutta arbeitete, schilderte den Garten: »Die herrlichste Zuflucht vor dem Staub und der Hitze Kalkuttas bietet der botanische Garten […] am gegenüberliegenden Ufer des Flusses. In den besonders drückenden Stunden während der heißen Jahreszeit ist es die beste Erfrischung, wenn man sich in den Schatten der Banyanbäume flüchtet […]. Es gibt mehrere davon im Garten, aber einer ist besonders gewaltig.«

FOLGENDE DOPPELSEITE Nicht weit von Roxburghs Haus beginnt mit einem kleinen See wieder die beinahe wilde Natur; Indian Botanic Garden, Kalkutta.

DIE EAST INDIA COMPANY WILL ERGEBNISSE SEHEN

Wie man sich vorstellen kann, versuchte Joseph Banks auf die zu sehr auf den unmittelbaren Profit ausgerichtete Politik der Company Einfluss zu nehmen. Meistens mit Erfolg; immerhin wagte damals trotz aller Vorbehalte niemand seinen Sachverstand anzuzweifeln. Darüber hinaus erfreute er sich der Freundschaft des Königs. Und so konnte Banks in Kalkutta zum ersten Mal erreichen, dass man in einem englischen Garten Botanik betrieb. Auf seine Empfehlung wurde 1793 William Roxburgh (1751–1815) eingestellt. Roxburgh war ursprünglich Arzt, hatte aber eine gute botanische Ausbildung durch Johann Gerhard Koenig erhalten, einen Schüler von Carl von Linné. Roxburgh hatte sich bereits bewiesen, vor allem in den 1780er Jahren, als er in Samalkot (im Norden von Madras) im Dienst war und dort Versuchsgärten anlegte. Er leistete Bemerkenswertes, stellte zahlreiche Expeditionen zusammen und botanisierte unermüdlich mit dem Ziel, die Flora Indiens möglichst vollständig zu inventarisieren und zu klassifizieren. Als Roxburgh die Leitung des Gartens von Kalkutta übernahm, zählte man dort ungefähr 300 Pflanzenarten; 1813, als er die Leitung abgab, hinterließ er 3500 Arten und 2533 botanische Zeichnungen. Diese »Ikonen«, wie man sie damals nannte, bildeten zusammen mit einer Sammlung unzähliger getrockneter Exemplare ein außergewöhnliches Herbarium, eines der reichhaltigsten der Tropen.

Die Dynamik der botanischen Bemühungen endete mit dem Tod von Joseph Banks und König Georg III. im Jahr 1820. Was folgte, war ein Rückschritt. Im Allgemeinen wurde die Botanik – die noch keinen wirklichen Status erreicht hatte – als ein aristokratisches Freizeitvergnügen angesehen, als etwas Amateurhaftes, womöglich ein Zeitvertreib für Damen. Und das diskreditierte die eifrigsten Bemühungen.

Der alte Garten von Saint-Vincent in der Karibik verlor 1821 sämtliche Zuwendungen. Die East India Company schickte Rundschreiben in die Kolonien in Indien und Asien mit der Aufforderung, man solle ihr gute Gründe nennen, die botanischen Gärten weiter zu unterhalten, und mit der Anregung, einige zu schließen. Der Superintendent von Saharanpur im Norden Indiens erzählte, der Generalgouverneur habe ihn aufgesucht mit dem Ansinnen, seinen Garten zu schließen. Deshalb sei er gezwungen gewesen, unverzüglich alle Arbeiten an »Berichten, Plänen und Katalogen« einzustellen, um stattdessen den Nutzen seines Gartens zu beweisen. Nathaniel Wallich (der seit 1816 den Garten in Kalkutta leitete) erhielt 1835 ebenfalls eine Aufforderung, seine Ergebnisse im Einzelnen darzulegen. Er reagierte erst ein Jahr später darauf – mit der trockenen Feststellung, er habe früher nicht die Zeit gefunden, denn er sei zu sehr damit beschäftigt gewesen, die Pflanzungen von Assamtee zu überwachen …

LINKS Säulengang des für William Roxburgh, den Superintendenten des Indian Botanic Garden von Kalkutta, errichteten Hauses.

AUF DER SUCHE NACH DEM GRÜNEN GOLD

OBEN *Butea frondosa* (ein Baum, der bei den Engländern *flame of the forest* heißt, Flamme des Waldes, wegen seiner leuchtend orangeroten Blüten), Herbarbogen Nr. 21 aus *Plants of Coromandel Coast* (1795–1819), der partiellen Veröffentlichung des Werks von William Roxburgh.

LINKS *Gloriosa superba*, Herbarbogen aus dem Herbarium des Indian Botanic Garden, Kalkutta, übergeben an das Naturkundemuseum in Paris. Unten rechts ist die Unterschrift von Dr. Wallich zu erkennen, Superintendent des Gartens von Kalkutta von 1817 bis 1847 (mit einer Unterbrechung von zwei Jahren wegen Krankheit).

AUF DER SUCHE NACH DEM GRÜNEN GOLD

UNTEN Kaffeestrauch, Auszug aus *Voyage de l'Arabie heureuse*, 1786; Teepflückerin in Ceylon, um 1900; Verwaltungsgebäude im botanischen Garten von Peradeniya, Kandy, um 1900.

RECHTE SEITE Gärtner im Garten von Peradeniya, Kandy, um 1900.

FOLGENDE DOPPELSEITE LINKS Baumfarne, Ceylon, um 1900. RECHTS Baumfarne im Evolution Garden (einem Bereich, der die Geschichte der Pflanzenwelt dokumentiert), Botanic Gardens, Singapur.

DIE PROFESSIONALISIERUNG

Der Amtsantritt von Sir William Jackson Hooker (1785–1865) in Kew markiert eine entscheidende Wende in der Geschichte der Botanik Englands und des riesigen britischen Empire. Mit ihm beginnt »das Zeitalter der Profis«, wie der Historiker Richard Drayton es genannt hat. Das zeigt schon Hookers Hintergrund: Er war weder Arzt noch Militär mit einer Liebe zu Pflanzen (diese zuvor sehr häufige Kombination hatte viel dazu beigetragen, eine schädliche Konfusion zu nähren), sondern Professor für Botanik. Und 1841 wurde er der erste offizielle Direktor von Kew, Banks hatte das Amt noch inoffiziell innegehabt. Hooker schuf ein Herbarium, eine Bibliothek, ein Museum für »wirtschaftliche Botanik« (das präsentierte, was man in den Kolonien erreicht hatte) und kümmerte sich um die Gestaltung des Gartens. Gleichzeitig knüpfte er die Kontakte zu den Einrichtungen in den Tropen neu und intensivierte die Zusammenarbeit und den Austausch. Sein Sohn Joseph (1817–1911) folgte ihm 1865 nach und wirkte genauso effizient wie er, somit lenkten die Hookers fast ein halbes Jahrhundert die Geschicke der Gärten des britischen Weltreichs. Zu der Zeit förderten die Fortschritte der Kommunikationstechnologie alle Arten wirtschaftlicher Aktivität, auch die der botanischen Gärten, die sich nach dem Einbruch der 1820er und 1830er Jahre überall neu organisierten.

Der Garten in Peradeniya beispielsweise hatte keine Fortschritte gemacht, im Gegenteil. Mehrere sehr unterschiedlich qualifizierte Leiter waren aufeinander gefolgt und hatten den Garten weitgehend sich selbst überlassen, sie kümmerten sich nur um den erwähnten Gemüseanbau im kleinen Stil. Von wissenschaftlicher Arbeit war keine Rede mehr. Hookers erste Entscheidung bestand darin, dass er Männer seines Vertrauens um sich scharte, allen voran einen seiner Schüler, den Botaniker George Gardner, der international hohes Ansehen genoss hauptsächlich wegen seiner Forschungen in Brasilien. Ihm fiel ab 1844 die Aufgabe zu, die brachliegenden Flächen zu säubern, erneut zu bepflanzen und neue Wege anzulegen. Nach Gardners Tod 1849 wählte Hooker auch seinen Nachfolger aus, George Henry Thwaites, der 30 Jahre lang die Leitung von Peradeniya innehatte. Ceylons Wohlstand beruhte damals ganz auf der Monokultur von Kaffee. Man hatte überall Kaffeestauden angebaut und dafür den Urwald gerodet. Die Insel war der größte Kaffeeproduzent der Welt, als 1869 plötzlich eine bedrohliche Pilzkrankheit auftauchte. Peradeniya schaltete sich ein und bekämpfte das Desaster mit neuen Methoden: Damit schlüpfte der Garten in seine moderne Rolle. Noch bevor die ersten Symptome der Krankheit überhaupt auftraten, die Ceylon schlagartig ruinieren würde, hatte sich Thwaites bereits Gedanken über die Gefahren der Monokultur gemacht. Er hatte zwei Satellitengärten vorbereitet: In Hakgala, gegründet 1861, experimentierte er mit der Herstellung von Chinin und in Henarathgoda, gegründet 1876, mit Kautschuk. Als die Krankheit sich auf Ceylon ausbreitete und

Nepenthes Rafflesiana

ganze Plantagen von einem Tag auf den anderen verwelkten, schlug der Garten neue Kaffeesorten vor, die man für widerstandsfähiger hielt. Doch vergebens. Peradeniya wandte sich daraufhin hilfesuchend an Kew, und von dort wurde 1880 Harry Marshall Ward entsandt, ein Experte einer neuen Wissenschaft, der Mykologie. Später hatten alle Kolonien Mykologen, aber damals war die Initiative des Gartens von Kandy geradezu revolutionär. Allerdings konnte Ward nichts tun, Fungizide gab es noch nicht. Als letzter Ausweg blieb nur der Wechsel von Kaffee zu Tee. Es war vor allem der Garten von Kalkutta, der sich um die Akklimatisierung von Tee kümmerte – unter der Ägide von Nathaniel Wallich, der persönlich alle Wechselfälle einer spektakulären Entdeckung überwachte: 1823 war man im Nordosten Indiens im Tal des Brahmaputra in Assam auf die ersten wild wachsenden Teebüsche gestoßen. Bis dahin hatte man geglaubt, Tee würde nur in China gedeihen. Wallich identifizierte die gefundenen Pflanzen als echte Exemplare von *Camellia theifera*, und Kalkutta unterstützte die Anfänge der *tea-gardens* von Assam. So gelangten schließlich angloindische Teepflanzen nach Peradeniya, und man schlug sie den Bauern auf Ceylon als Ersatz für die Kaffeesträucher vor, die man roden musste. Binnen kurzem wurde Ceylon zur Insel des Tees, und neues Buschwerk bedeckte bald die Insel wie ein grüner Teppich.

Auch in Singapur wirkten die Hookers, dort nahm Joseph die Dinge in die Hand. Tatsächlich hatte es lange gedauert, bis in Singapur ein botanischer Garten eingerichtet wurde. Raffles' Gewürzgarten wurde in den 1820er Jahren aufgegeben. 1836 erlebte er noch einmal einen kleinen Aufschwung, aber der Preis für Muskatnüsse verfiel kontinuierlich, das goldene Zeitalter der Gewürze war vorüber, und das Land ging schließlich wieder an die Stadtverwaltung über. 1859 kaufte eine Gruppe von westlichen Siedlern, die sich unter dem Namen Agri-Horticultural Society zusammengeschlossen hatten, Land im Tanglin District. Dessen südlicher Teil wurde wohl schon kultiviert, über einen anderen Teil hieß es, dort »hausten Tiger«, und es stand auch noch ein richtiger Urwald. Das war der Ursprung der heutigen Botanic Gardens, dabei ist das Stück Urwald erhalten geblieben. Die Mitglieder der Agri-Horticultural Society hatten anfangs keineswegs die Absicht, einen botanischen Garten zu gründen, sondern eher einen Park mit englischen Blumen, in dem man promenieren und sich wie in der Heimat fühlen konnte. Längerfristig erwies sich das Vorhaben als nicht praktikabel, und 1875 wandte sich die Agri-Horticultural Society an die Regierung, die wiederum Kew einschaltete. Joseph Hooker empfahl dringlich, die Leitung dem jungen Botaniker Henry James Murton zu übertragen, und Murton schuf innerhalb von fünf Jahren einen veritablen botanischen Garten. Die Anfänge gestalteten sich ein wenig schwierig, die Besucher hatten sich offenbar schlechte Manieren angewöhnt. In einem seiner Jahresberichte schrieb Murton: »Ich habe die unerfreuliche Pflicht, ernste Verstöße gegen die Gesetze [des Gartens] zu melden, nicht nur von Seiten der Eingeborenen, sondern auch der Europäer. Letztere wurden mehrmals angetroffen, wie sie im Mondschein Blumen pflückten.« Murton setzte diesem Treiben ein Ende und platzierte die Orchideen hoch oben auf den Bäumen, außer Reichweite der Besucher. Als Nächstes organisierte er die wissenschaftliche Arbeit: Er richtete ein Herbarium ein, eine Bibliothek, und dazu kam 1879 ein neues Stück Land von 41 Hektar zur Erprobung neuer Kulturen, darunter der berühmte *Hevea brasiliensis* (oder »Kautschukbaum«). Und schließlich schuf er die Strukturen für den Austausch mit den botanischen Gärten weltweit. Sein Beitrag war, die unerschöpfliche Flora der Malaiischen Halbinsel zu inventarisieren.

UNTEN *Coelogyne swaniana* Rolfe, Aquarell von James und Charles de Alwis, 1900–1908, Botanic Gardens, Singapur.

LINKE SEITE *Nepenthes rafflesiana* Jack, Aquarell von James de Alwis, 1890–1894, Botanic Gardens, Singapur. James de Alwis war der erste Künstler, der 1890 vom botanischen Garten von Singapur angestellt wurde. Wie sein 1900 ebenfalls angestellter Bruder Charles gehörte er zu einer großen Familie von Malern, die mit dem botanischen Garten von Peradeniya, Kandy, verbunden waren.

FOLGENDE DOPPELSEITE LINKS *Etlingera elatior* (Fackelingwer), Botanic Gardens, Singapur. RECHTS *Etlingera fulgens* (Ridl) C. K. Lim, Aquarell von Charles de Alwis, 1900–1908; die fremdartigen Blumen gehören zur Familie der Ingwergewächse.

DAS »LABOR DER AUSLÄNDER«

Außerhalb des riesigen britischen Einflussbereichs, zu dem die große Mehrheit der Gärten gehörte, entwickelten sich die botanischen Institutionen der Kolonialmächte alle in eine mehr wissenschaftliche Richtung. Selbst in den sehr kleinen französischen Niederlassungen in Indien entstanden Gärten. In Pondichéry beispielsweise, einem verschlafenen Städtchen zu Füßen der Statue von Joseph François Dupleix, liegt eine botanische Einrichtung, die bis in die 1840er Jahre wohl ein »Versuchsfeld« war, deren Status und dementsprechend auch Aktivitäten ungewiss blieben. Alles änderte sich, als »echte« Botaniker kamen wie George S. Perottet, der die vorgefundenen Arten erfasste und einen ersten Katalog erstellte. J. Contest-Lacour, der ihm 1870 nachfolgte, kümmerte sich in erster Linie um die Erweiterung der Sammlungen. Als Ansporn regte er die Auslobung einer Goldmedaille im Wert von 500 Franc als Belohnung für denjenigen an, der »350 Arten, davon 200 als lebende Pflanzen und der Rest als Samen« bringen würde. 1875 erhielt der Garten von Pondichéry erstmals Vanille. Die selbstgezogenen Schoten wurden 1884 der Kommission für die Kolonialgärten vorgelegt und für so schön befunden, dass man ein Exemplar zur kommenden Weltausstellung in Anvers sandte.

Zu der Zeit befand sich der Garten von Buitenzorg in Niederländisch-Indien mitten im Umbruch. Im letzten Viertel des 19. Jahrhunderts genoss Buitenzorg bereits genauso großes internationales Renommee wie der Garten von Kalkutta. Bis dahin hatte die wissenschaftliche Arbeit in Buitenzorg – Ausgangspunkt zahlreicher Expeditionen – vor allem zur Erforschung der lokalen Flora und zur Erweiterung der Pflanzensammlungen in Leiden beigetragen. Der niederländische Botaniker Melchior Treub, der 1883 die Leitung des Gartens übernahm (und sie fast 30 Jahre ausfüllte), hatte eine andere Auffassung. Der Status des Gartens als intermediäre Institution, ein Schicksal, das alle Gärten in den Kolonien teilten, schien ihm überholt. Warum mussten die vor Ort gesammelten Pflanzen unbedingt zur weiteren Untersuchung ins Mutterland geschickt werden? Sollte nicht vielmehr der tropische Garten ein Zentrum der Forschung sein, wo man an Ort und Stelle ganz frisches Material studieren konnte? In diese Richtung dachte Treub und modernisierte als Erstes die Werkzeuge der Arbeit, vom Herbarium bis zu den Büros, richtete geeignete Labors für die Untersuchung von Reis und Kaffee ein, für Pflanzenchemie und Pharmakologie. Der gewaltige Umfang der Aufgabe brachte ihn zu der Überlegung, dass man die Kooperationen ausweiten und zum Beispiel Wissenschaftler aus der ganzen Welt holen und ihnen gut ausgestattete Arbeitsräume zur Verfügung stellen müsste. Und so gründete Treub das berühmte »Labor der Ausländer«, wo künftig viele Wissenschaftler die Geheimnisse der tropischen Flora erkundeten. Sie kamen aus aller Herren Länder, vor allem aber aus Deutschland, das sich in seinen neuerworbenen Kolonien in Afrika und den dortigen Gärten (wie dem 1892 gegründeten Garten in Limbe) intensiv mit tropischer Botanik beschäftigte. Im Allgemeinen behielten die Wissenschaftler die Zeit in Buitenzorg in wunderbarer Erinnerung, vor allem seit man sie in Cibodas untergebracht, einem 1852, nach der Entdeckung des Chinins, angelegten Nebengarten. Dort lebten und arbeiteten sie mitten in der Natur, auf dem Vulkan Gedeh. Von ihrem komfortablen Bungalow mussten sie nur ein paar Schritte gehen, und schon waren sie mitten im Urwald, wo zwischen einem Gewirr von Lianen und Röhricht heiße Quellen dampften.

OBEN *Vittaria longicoma*, ein 1905 von einer Expedition des botanischen Gartens von Bogor (ehemals Buitenzorg) mitgebrachter Farn, 1909 an das Naturkundemuseum in Paris abgegeben. Vermutlich handelte es sich um eine »Referenz«-Pflanze, das heißt, dieses Exemplar verwendete der Botaniker, um die Art zu bezeichnen und zu beschreiben.

LINKE SEITE Vanille, eine mexikanische Orchideenart, Jardim Botânico do Rio de Janeiro. Vanille ist eine »Nutzpflanze«, die Frankreich in seinem tropischen Kolonialreich angesiedelt hat. In den 1820er Jahren wurden Stecklinge von Cayenne auf die Insel Réunion (ehemals Bourbon) gesandt, und das Museum in Paris verteilte Sämlinge. Lange Zeit trugen die Vanillekulturen keine Früchte, denn es fehlten die mexikanischen Bienen (*Meliponini*) für die Befruchtung. Man hatte sie nicht zusammen mit den Pflanzen importiert.

RECHTS Botanischer Garten von Buitenzorg, Java, Postkarte um 1900.

FOLGENDE DOPPELSEITE Bambushecke, Jardim Botânico do Rio de Janeiro.

AUF DER SUCHE NACH DEM GRÜNEN GOLD

OBEN Eine sogenannte Elefantenfußpalme, Garten von Pamplemousses, Mauritius.

RECHTE DOPPELSEITE Allee mit Mangobäumen (*Mangifera indica*), Jardim Botânico do Rio de Janeiro, Fotografie von Marc Ferrez, um 1880.

FOLGENDE SEITEN Allee mit Mangobäumen (wahrscheinlich dieselbe wie S. 139), Jardim Botânico do Rio de Janeiro.

Wie die Gärten in den englischen, französischen und niederländischen Kolonien schrieb auch der Jardim Botânico do Rio de Janeiro im letzten Drittel des 19. Jahrhunderts Wissenschaft und Fortschritt auf seine Fahnen. Gegründet als Kolonialgarten Portugals, wurde er wenig später der Garten der Hauptstadt des brasilianischen Reichs, das 1822 seine Unabhängigkeit erklärte. Seine Anfänge waren genau wie die aller anderen Gärten: Zuerst ging es darum, »exotische« und rentable Kulturen einzuführen. In Rio erprobte man wie im britischen Indien die Akklimatisierung von Tee; die ersten Samen wurden 1812 aus der portugiesischen Handelsniederlassung in Macau importiert. Gleichzeitig holte man 300 Kantonesen, die bei der Ansiedlung des Tees helfen sollten. Erstaunlicherweise fragte offenbar niemand nach, ob die Chinesen überhaupt Erfahrung mit dem Teeanbau vorweisen konnten. Allem Anschein nach wussten sie nicht viel darüber, und da sie überdies nicht ein Wort Portugiesisch sprachen, argwöhnte man, sie wollten die Geheimnisse der Teeproduktion für sich behalten. Daraus ergaben sich mannigfaltige Schwierigkeiten, die im Laufe der Zeit aber wohl doch gelöst wurden, denn über 20 Jahre lang gab der Garten kostenlos Samen ab, verteilte Handbücher und Ratschläge für den erfolgreichen Teeanbau, für die Ernte der Teeblätter und die Fermentierung. Vom Jardim Botânico aus eroberte der Teeanbau in der Folgezeit die anderen Länder in Südamerika.

Der Botaniker Frei Leandro do Sacramento, seit 1824 der erste Direktor des Gartens, der bis dahin nur eher beiläufig verwaltet wurde, kümmerte sich um die Verbreitung des Teeanbaus und widmete darüber hinaus viel Zeit dem Botanisieren in den Wäldern der Umgebung. Er nahm auch heimische Pflanzen in den Garten auf, was damals sehr ungewöhnlich war, und betonte damit die Tatsache, dass es in einer so schönen Umgebung, mit einer so reichhaltigen, so erstaunlichen und so wenig erforschten Vegetation ein Fehler wäre, sich nur auf »exotische« Pflanzen zu konzentrieren. Beim Tod von Frei Leandro 1829 war der Jardim Botânico eine der zwei oder drei wichtigsten Einrichtungen dieser Art in den Tropen. Allerdings war er nicht reicher. Zehn Jahre später musste man den Teeanbau aufgeben: Um die wachsende Nachfrage der Pflanzer zu befriedigen, die immer mehr Samen und immer mehr Pflanzen wollten, brauchte man mehr Sklaven und immer mehr Land und auch immer mehr Geld, aber dort wie überall hielt die Regierung die Taschen zu. Dass botanische Gärten immer nur langfristig Gewinn abwerfen und sehr vom Rhythmus der Natur abhängen (die Pflanzen brauchen Zeit zur Eingewöhnung, bis sie gedeihen und Früchte tragen), war den Politikern nur schwer begreiflich zu machen, zumindest in der ersten Hälfte des 19. Jahrhunderts.

Die Hauptsorge der folgenden Jahre war es, Mittel zu finden, um den Garten wieder in

LINKS Diese kleine Anhöhe wurde während der Amtszeit von Frei Leandro (1824–1829) entworfen, seine Büste ist ganz vorn zu sehen, Jardim Botânico do Rio de Janeiro. Für die Erhebung verwendete man die Erde, die beim Ausheben des benachbarten Sees anfiel. Eine Granittafel erinnert daran, dass die beiden Kaiser von Brasilien Pedro I. und Pedro II. an dieser Stelle einen Imbiss einnahmen, wenn sie den botanischen Garten besuchten.

Schwung zu bringen und sinnvoll zu nutzen. Alle möglichen Lösungen wurden erwogen, auch einige, die gar nichts mit Botanik zu tun hatten. 1854 entschied der Direktor des Gartens, Cândido Batista de Oliveira, sogar, in die Herstellung der schönen, damals sehr beliebten »Panama«-Hüte zu investieren. Also wurde im Garten *Carludovica palmata* angepflanzt, eine palmenähnliche Staude, deren Blattfasern man in Ecuador zum Flechten jener berühmten Kopfbedeckung verwendete, und man stellte einen Experten aus Peru dafür ein. Das Unternehmen hatte anscheinend einen gewissen Erfolg, aber es klingt eigentlich nicht verwunderlich, was João Barbosa Rodrigues über den Zustand des Gartens berichtete, als er 1890 die Leitung übernahm: »Der weitläufige Park, bedeckt mit einer großartigen Vegetation, erinnerte an einen Wald, dessen Bewohner durch keine Tafel, kein Schild, kein Zeichen benannt werden, sodass man sie erkennen könnte. Alles war angenehm anzusehen, aber in wissenschaftlicher Hinsicht in einem beklagenswerten Zustand. Das wurde bereits durch eine Regierungskommission festgestellt, bevor ich mein Amt antrat.« Rodrigues führte die Reformen fort, die Kaiser Pedro II., ein leidenschaftlicher Hobbybotaniker, kurz vor dem Staatsstreich begonnen hatte, der 1889 zur Republik Brasilien führte. Mit Geld aus der persönlichen Schatulle des Kaisers errichtete Rodrigues die Bibliothek und das Herbarium mit einer bald sagenhaften Sammlung, die in der Folgezeit immer noch reichhaltiger wurde. Als wichtigste natürliche Ressource besaß Brasilien damals eine unerschöpfliche Fruchtbarkeit. So entdeckte allein der Botaniker Adolfo Ducke bei zahlreichen Expeditionen ins Amazonasgebiet in den 1910er Jahren 900 neue Arten und 50 neue Gattungen, die den Katalog des Herbariums ergänzten. Der Garten von Rio war wie der Garten von Buitenzorg künftig ein Zentrum der Begegnung und der Forschungen für Naturkundler aus Brasilien und der ganzen Welt.

UNTEN Titelblatt eines Buchs über brasilianische Palmen, *Sertum palmarum brasiliensium ou Relation des palmiers nouveaux du Brésil, découverts, décrits et dessinés d'après nature par João Barbosa Rodrigues*, erschienen in Brüssel 1903. Das monumentale Werk des Botanikers, der von 1890 bis 1903 den Garten von Rio leitete, befindet sich heute in der Bibliothek Barbosa Rodrigues, Jardim Botânico do Rio de Janeiro.

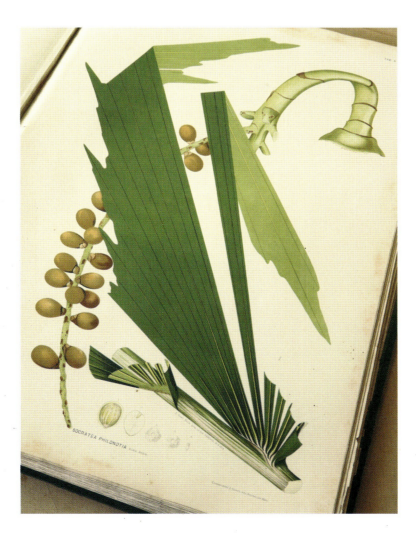

RECHTS Eines der 148 Aquarelle aus dem *Sertum palmarum brasiliensium* von João Barbosa Rodrigues.

LINKE SEITE *Matisia bicolor*, 1919 aus dem Urwald mitgebracht von Adolfo Ducke für den Jardim Botânico do Rio de Janeiro, 1931 abgegeben an das Naturkundemuseum in Paris.

FOLGENDE DOPPELSEITE LINKS João Geraldo Kuhlmann beim Botanisieren in Bahia. RECHTS Kuhlmann mit einer Gruppe beim Wasserfall von Tijuca (dem größten Stadtwald der Welt, in Rio). João Geraldo Kuhlmann (1882–1958), Sohn deutscher Einwanderer, war reiner Autodidakt und von 1944 bis 1951 der erste Direktor des Jardim Botânico von Rio. Er gilt als einer der größten brasilianischen Botaniker und Naturforscher des 20. Jahrhunderts.

AUF DER SUCHE NACH DEM GRÜNEN GOLD

UNTEN Nicholas Ridley beim Botanisieren im Urwald der Botanic Gardens von Singapur, 1909. Neben ihm sein Assistent, ein Malaie mit Namen Ahmad bin Hassan. Er hatte keinerlei botanische Ausbildung, aber im Laufe von 60 Jahren als Mitarbeiter von Ridley und seinen Nachfolgern wurde er zu einem legendären Experten für die malaiische Flora. Es heißt, er habe den genauen Standort bestimmter Arten im Dschungel gekannt und habe allein nach Aussehen und Geruch jede Pflanze im Garten benennen und ihr Alter angeben können.

»MAD RIDLEY«

Ob Tee, Ölpalme oder Zuckerrohr: Die Einführung neuer Pflanzen erwies sich jedes Mal als Goldgrube. Und wem in den Gärten von Peradeniya, Kalkutta oder Buitenzorg war nun dieser oder jener sagenhafte Erfolg zu verdanken? Alle Gärten beteiligten sich an diesem Wettrennen um Profit, und alle beanspruchten den Erfolg mehr oder wenig exklusiv für sich. Geschichten zirkulierten, der eine oder andere Protagonist schob sich in den Vordergrund, und es lässt sich nur schwer Wahres und Falsches unterscheiden. Besonders viele Geschichten ranken sich darum, wie der brasilianische Kautschuk, eine Quelle unerhörten Reichtums, in die Gärten Asiens gelangte.

Kautschuk wurde zunächst im Amazonas-Regenwald gewonnen, wo *Hevea brasiliensis* – »der weinende Baum«, wie die Indianer sagten – wild wuchs. In der Folgezeit wurden andere wild wachsende Arten ausgebeutet: In Malaysia gab der Guttaperchabaum einen hervorragenden Latex, den man um die Mitte des 19. Jahrhunderts in Europa dazu verwendete, um die Seekabel der Telegrafenverbindung nach Amerika zu isolieren. Und im Kongo ließ der belgische König von 1893 an in der Hölle des afrikanischen Dschungels die Kautschuklianen anzapfen. Die Kautschukgewinnung durch die Urwaldvölker – notleidende Indianer, gequälte und zu der Arbeit gezwungene Kongolesen – gehört zu den dunkelsten Kapiteln der Kolonialgeschichte.

England hatte Schwierigkeiten damit, bei einer strategisch so wichtigen Ware wie Kautschuk von einem souveränen Staat wie Brasilien abhängig zu sein, und gewährte um 1875 Kew freie Hand, das Problem zu lösen. Joseph Hooker beauftragte einen jungen englischen Abenteurer namens Henry Wickham, Hevea-Samen zu beschaffen, und charterte ein Schiff, die *Amazonia*. Um den Ruhm Wickhams oder Englands zu vergrößern, hat man diese Expedition in allen Einzelheiten geschildert: die zweifelhafte Hilfe der Waimiri-Indianer, die unter Bananenblätter verborgenen Samenlager, die heimliche Beladung des Schiffes und so weiter. Tatsächlich brachte die *Amazonia* 70.000 Hevea-Samen aus dem zentralen Amazonasgebiet mit nach Kew, die

RECHTS *Hevea brasiliensis*, 1897 gesammeltes Exemplar (auf dem zerrissenen Schild sind noch die ersten Buchstaben des Namens H. R. Ridley zu erkennen, der den Zweig wohl selbst gesammelt hat); Herbarium, Botanic Gardens, Singapur.

AUF DER SUCHE NACH DEM GRÜNEN GOLD

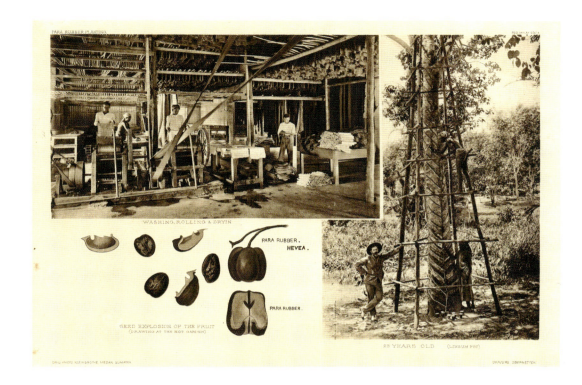

Wickham mit dem Segen der brasilianischen Behörden bekommen hatte. Das beweist, dass der Austausch von botanischem Material kein Problem war. Die Rückreise stellte Wickham vor eine Herausforderung: Er musste Zeit gewinnen, um zu verhindern, dass die Samen verrotteten. Ein Sonderzug erwartete sie in Liverpool und brachte sie in aller Eile nach Kew. Drei Prozent der Samen keimten. 1877 wurden die in Kew gezogenen Pflanzen nach der üblichen Methode auf die Gärten von Ceylon, Kalkutta und Singapur verteilt, sie erhielten jeweils elf Setzlinge. Zehn Jahre lang geschah nichts mehr. Unterdessen verlegte sich Ceylon auf den Teeanbau. Das Klima von Kalkutta vertrugen die Jungpflanzen nicht, in Singapur waren die Baumschulen schlecht gerüstet, und außerdem setzten die dortigen Pflanzer nur auf Kaffee. Zu dem Zeitpunkt übernahm Henry Nicholas Ridley die Leitung des botanischen Gartens. Im Gegensatz zur allgemeinen Einschätzung glaubte er fest daran, dass Hevea eine Zukunft hatte. Er erntete viel Spott, als er das Risiko einging und mit dem Anbau dieses kleinen brasilianischen Baums begann, den er in allen Einzelheiten untersuchte, bis hin zu den Techniken des Ritzens. Es gelang ihm, eine Technik zu entwickeln, die es erlaubte, den Saft zu gewinnen, ohne den Baum zu sehr zu verletzen. Er kümmerte sich um seine Baumschule, veranstaltete Vorführungen und präsentierte skeptischen, gar hämischen Pflanzern Blätter von koaguliertem Latex. »Mad Ridley« (der verrückte Ridley), wie er genannt wurde, machte sich zunehmend zum Gespött mit seiner Obsession, etwa wenn er zu einer Abendgesellschaft erschien, die Taschen des Anzugs vollgestopft mit Samenkörnern, bereit, bei jeder passenden und unpassenden Gelegenheit die Vorzüge seines *Hevea brasiliensis* zu preisen. Immerhin überzeugte er einen Tapioka-Bauern, Tan Chay Yan, und der willige 1896 ein, 16 Hektar mit Kautschukbäumen zu bepflanzen. 1901 bebaute er 1200 Hektar damit und beglückwünschte sich wahrscheinlich zu der Entscheidung. Der Kaffeemarkt war zusammengebrochen (infolge brasilianischer Überproduktion), zugleich brauchte alle Welt Reifen für Fahrräder und Automobile. Die Bauern begriffen allmählich Ridleys Botschaft, gerade noch rechtzeitig: Malaysia produzierte 1905 400 Tonnen Kautschuk, 1920 bereits 210.000 Tonnen, die Hälfte der weltweiten Produktion.

OBEN LINKS Kautschukproduktion in Malaysia: von den Samen über das Anzapfen der Bäume bis zur Verarbeitung des Latex zu Bändern in den Werkstätten der Plantagen; Fotografien von C. J. Kleingrothe, um 1900.

OBEN Anzapfen von zehn bis fünfzehn Jahre alten Bäumen in Malaysia, um 1900.

FOLGENDE DOPPELSEITE Ufer des drittgrößten Sees, Eco-Lake, im botanischen Garten von Singapur, im Teil Bukit Timah Core, der Bildung- und Erholungszwecken dient.

AUF DER SUCHE NACH DEM GRÜNEN GOLD

OBEN Chinarinde (*Cinchona officinalis*), botanische Vignette, 19. Jahrhundert.

UNTEN Gruppenfoto der Angestellten des Gartens von Peradeniya, Kandy, um 1890.

RECHTE SEITE Die Schönheit des Urwalds (hier nachgebildet im Jardim Botânico do Rio de Janeiro) hat ihre Kehrseite. Der Naturforscher Henri Coudreau, der 1890–1891 im Urwald von Guyana unterwegs war, drückt es so aus: »Die langen Märsche durch diesen Wald! Ich wünsche sie meinen Feinden nicht. [...] Die Wunder der tropischen Natur sind nicht immer so wunderbar [...] die Ranken ritzen Sie, die Lianen fesseln Sie, Sie sehen nichts, das Grün macht Sie blind, Sie versinken in Schlamm und Moder, wo das Ungeziefer sich auf Sie stürzt.«

DAS CHININ ODER DIE MISSION DES WEISSEN MANNES

Eine weitere Geschichte, die immer wieder ausgeschmückt und je nach Interesse der handelnden Personen erzählt wird, ist die Geschichte des Chinins. Malaria und andere tropische Fieber waren lange Zeit die wichtigsten Bollwerke gegen das Vordringen der Europäer, die weißen Siedler starben daran wie die Fliegen. Es war unmöglich, einen Konsul zwei Jahre lang auf seinem Posten zu belassen, die Regimenter schmolzen zusammen, Beamte konnten ihre Amtszeiten nicht ausfüllen, und niemals kehrte ein Botaniker unbeschadet aus dem Urwald zurück.

Folglich bemühten sich alle Kolonialmächte, in ihren Gebieten einen Baum aus den Anden anzusiedeln, der Chinarinde hieß *(Cinchona officinalis)*. Die Rinde dieses Baums enthält ein bitter schmeckendes Alkaloid, das Chinin, das nicht nur bei Fiebererkrankungen hilft, sondern ihnen auch vorbeugt. Frankreich, England und Holland beeilten sich, entsprechende Exemplare zu bekommen. Dazu muss man wissen, dass der Besitz von Chinarinde nicht nur ein Gesundheitsproblem löste, sondern auch ein gutes Geschäft bedeutete. Anders gesagt: Die erste europäische Macht, die Chinin besitzen würde, hätte das Privileg, das Produkt den anderen Nationen zu verkaufen, die gezwungenermaßen als Bittsteller kommen würden. England befand sich wie üblich in einer günstigen Position, und die große Maschinerie von Kew setzte sich in Gang. Man bestimmte Forscher, die zur Beschaffung der Samen nach Südamerika entsandt werden sollten, und wählte die besten Arten aus. In Kew wurden Treibhäuser errichtet, 1860 gab der Staat dafür Gelder frei. Die beiden Hookers legten sich ins Zeug: Sir William ließ seine Kontakte in die Tropen spielen, vom botanischen Garten bis zu den Bauern; Joseph Hooker bat seinen Freund Charles Darwin, an den Superintendenten des Gartens von Ceylon zu schreiben und nach Ratschlägen für die Zucht zu fragen. Darwin antwortete mit einem sehr höflichen Schreiben: »Die Kultur von Chinin ist derart wichtig für die Menschheit, dass ich gewiss bin, dass Sie es mir nachsehen werden, einige Vorschläge unterbreitet zu haben.« Schließlich brachte Clements Markham den Chinarindenbaum von seiner Expedition nach Peru mit. Die Gärten erhielten Pflanzen und verteilten sie weiter. Die offizielle Chronik feiert die epochale Errungenschaft des britischen Weltreichs. Inoffiziell kannte alle Welt die Wahrheit: Markhams Chinin war von schlechter Qualität, kein Vergleich mit dem hervorragenden Chinin, das die Niederländer in Buitenzorg produzierten. Und auf einmal beherrschte Holland den Markt.

1875 ergriff George King, der Superintendent des botanischen Gartens von Kalkutta, die Initiative und schlug vor, den Indern zu einem sehr niedrigen Preis Chinin zu liefern. Clements Markham, der sein Versagen vergessen machen wollte, griff die Idee auf und verkündete überall, bei seiner Suche nach Chinin habe er immer nur das eine Ziel verfolgt, dem indischen Volk zu helfen. Sei das denn nicht die Mission des weißen Mannes? Die Regierung unterstützte jedenfalls Kings Vorhaben ... denn in London wie in Kalkutta wussten alle, dass man viel zu viel Chininarindenbäume gepflanzt hatte.

Die Geschichte der botanischen Gärten ist gewiss nicht so unschuldig, wie es den Anschein hat. Alles, was man in diesen Anlagen realisierte, hatte enorme Wirkungen nach außen und mehr oder weniger angenehme Konsequenzen.

AUF DER SUCHE NACH DEM GRÜNEN GOLD

ROTE BLUMEN UND EIN TOTER ELEFANT

Die Verbreitung neuer Kulturen in großem Stil beunruhigte aufmerksame Menschen, die sich Sorgen über Umweltprobleme machten. In Ceylon ist der Wald als Folge des Anbaus von Kaffee und Tee beinahe vollständig verschwunden. 1865 unternahm Markham in Madras eine Inspektionsreise zu »seinen« Chinin-Plantagen, und dort hatte man ebenfalls den Urwald zerstört. Manche äußerten die Befürchtung, diese Regionen könnten austrocknen, weil der Wald fehlte, der die dringend benötigte Feuchtigkeit speicherte. Darauf ging Markham in seinem Bericht mit der Bemerkung ein, eine Plantage sorge viel besser als der Urwald für Feuchtigkeit, und im Übrigen »ist das schöne Laub der Chinarinde besser geeignet, das Wasser aus den Wolken zu halten«. Neben den Schäden durch Abholzung müssen auch die Veränderungen der Landschaft genannt werden, ihre triste Uniformisierung. Aldous Huxley, der in den 1920er Jahren mit dem Zug Malaysia durchquerte, konstatierte die Allgegenwart von Hevea: »Plötzlich verschwand der Dschungel und wich unendlichen Kautschukplantagen. Wir rollten buchstäblich Hunderte von Kilometern durch potenzielle Dunlop-Reifen und künftige Golfbälle [...]. Trotz meiner Bewunderung für die Energie derjenigen, die den Dschungel besiegt hatten, bedauerte ich ihn.«

Auch botanische Expeditionen blieben nicht ohne Folgen. Der Bericht über eine solche Expedition 1902 in Belgisch-Kongo ist in vielerlei Hinsicht sehr aufschlussreich. Schauplatz der Szene ist das Inziatal, wohin der Botaniker M. L. Gentil eine Prospektionsreise unternahm in Begleitung von Frater Justin Gillet, dem Gründer des berühmten botanischen Gartens von Kisantu. Seit dem Vortag suchten sie Zwiebeln von *Haemanthus* (der Blutblume, einer Pflanze aus der Familie der Amaryllisgewächse). An dem Tag machten sie halt an einem Ort, der von Elefanten heimgesucht worden war, und nutzten die Gelegenheit, um einen Elefanten zu schießen, der als Nahrung für die ganze Gruppe dienen sollte. Auf einmal tauchten Eingeborene auf der anderen Seite des Flusses auf und verlangten ein Stück des Kadavers. Die Weißen schlugen ihnen einen Handel vor: ein Stück Fleisch im Tausch gegen jeweils zehn Zwiebeln von *Haemanthus*; ein Exemplar wurde vorgezeigt. Eine Stunde später war das gegenüberliegende Ufer mit roten Blumen bedeckt. Der Tausch von Fleisch gegen Pflanzen fand an Bord der Pirogen statt. Im Laufe der zehntägigen Reise erhielten die Weißen auf diese Weise Tausende von Blumenzwiebeln, die von irgendwoher kamen, der Großteil davon verdarb wohl. Wir können uns nur wundern, dass sich Frater Gillet, der so klug war, so auf die Umwelt bedacht, auf die Bewässerung und Wiederaufforstung im Kongo, an einer solchen Verschwendung von Pflanzen beteiligte. Das Beispiel zeigt, dass der Kolonialgarten seinen Widerspruch in sich trug: Draußen plünderte und zerstörte man, drinnen pflegte und kultivierte man. Frater Gillet, der in Kisantu ein offenes Ohr für die Anliegen der Eingeborenen hatte und tagtäglich mit ihnen arbeitete, kopierte im Grunde das Renaissance-Ideal vom *hortus conclusus*. Er bewunderte seine Sammlung von *Pilocereus* (eine Kakteengattung), deren Haare, wie es hieß, schöner waren als sein Bart, und in seinem geschlossenen Garten hatte er das Paradies. Draußen herrschte die Hölle von Belgisch-Kongo.

OBEN Frater Justin Gillet vor *Musa Arnoldiana* (Bananenstauden) am 15. März 1924 im botanischen Garten von Kisantu, Kongo, Bildnegativ von E. J. Devroey. Gillet, der Gründer des Gartens, kam 1893 mit anderen Jesuitenmissionaren in das Gebiet. Ursprünglich sollte er in der belgischen Mission den Posten des Sanitäters übernehmen, aber der von Brüssel als Botaniker bestimmte Bruder starb auf der Überfahrt. Gillet, der damals nur Grundkenntnisse in Gartenbau besaß, sprang ein. Er blieb bis in die 1930er Jahre in Kisantu und arbeitete unermüdlich (er schickte über 6000 Exemplare getrockneter Pflanzen an den botanischen Garten von Brüssel). Besonders interessierten ihn einheimische Pflanzen und Nahrungspflanzen, und er vertrat die These, dass es ein »Eingeborenenbauerntum« gebe. Von seinen Forschungen ist viel verlorengegangen, er hatte nicht die Zeit, alle Erkenntnisse niederzuschreiben. Kisantu ist nach wie vor einer der größten botanischen Gärten der Welt. 2008 wurde er unter der Leitung des Nationalen botanischen Gartens von Belgien vollständig renoviert, in Zusammenarbeit mit dem Zoologischen und Botanischen Garten von Kongo und dem WWF.

RECHTS Justin Gillet, 1925, in seinem Unterstand für Farne und Aronstabgewächse.

LINKE SEITE Kakteen und Sukkulenten, Jardim Botânico do Rio de Janeiro.

Paradiese und Schutzräume

Neben der chinesischen Pagode, der Sackler-Brücke, dem Palmenhaus und dem Gewächshaus der Prinzessin von Wales besitzen die Royal Botanic Gardens in Kew noch eine sehr beliebte Attraktion: die berühmte North Gallery. Sie ist etwas ganz Einzigartiges, denn dort ist praktisch das Gesamtwerk einer Künstlerin versammelt, der Malerin und Weltreisenden Marianne North (1830–1890). Marianne North war eine reiche Erbin und musste nicht heiraten, um versorgt zu sein. Mit etwa 40 Jahren brach sie zu einer Weltreise auf, um Blumen und Pflanzen in ihren natürlichen Lebensräumen zu malen. 1871 besuchte sie die Vereinigten Staaten, Kanada und Jamaika, anschließend hielt sie sich acht Monate in Brasilien auf und brach 1875 zu einer Reise rund um den Globus auf: quer durch Amerika, nach Japan, Rückkehr über Sarawak, Java, Ceylon. Dann treffen wir sie in Indien, wo sie beinahe eineinhalb Jahre blieb. Wieder zu Hause, schrieb sie an Joseph Hooker und teilte ihm mit, sie wolle ihre Bilder dem Garten in Kew schenken. Sie schlug vor, dort auf ihre Kosten einen Bungalow im englischen Kolonialstil zu errichten, der als Ausstellungsgalerie dienen könne. Beide Angebote wurden angenommen.

In der North Gallery, die heute noch so aussieht, wie Marianne sie konzipiert hat – mit ihren wassergrünen Farben, den bunten umlaufenden Friesen und den Rahmen an Rahmen gehängten Bildern –, sind 832 Werke dieser fruchtbaren Künstlerin versammelt, sie zeigen über 900 Arten. Viele Pflanzen wurden in den tropischen Gärten gemalt, es sind gewissermaßen farbenprächtige Schnappschüsse. Marianne besaß keine akademische Ausbildung, was ihrer Arbeit eine gewisse stilistische Unbekümmertheit und einen besonderen Reiz verleiht. Natürlich entsprang ihre Sicht der tropischen Natur der viktorianischen Zeit: Alles wirkt aseptisch, domestiziert, Eingeborene tauchen nur selten auf und dann als dekorative Elemente. Die verschwenderische Vegetation erscheint gezähmt, es sind Paradiese, die der kolonialen Vorstellung entsprechen.

UNTEN Botanischer Garten von Castleton auf Jamaika. Postkarte um 1900. Die Anlage, einst berühmt für ihre 180 verschiedenen Palmenarten, wurde 1862 geschaffen, um einen Teil der Sammlung eines anderes botanischen Gartens auf Jamaika aufzunehmen: des Gartens von Bath (errichtet 1779), der damals regelmäßig von einem nahegelegenen Fluss überschwemmt wurde.

VORANGEHENDE DOPPELSEITE LINKS Die berühmte Palmenallee, Symbol des Jardim Botânico do Rio de Janeiro. RECHTS Dieselbe Allee auf einer Postkarte um 1910; das ebenfalls sehr berühmte Grab von Paul und Virginie im Garten von Pamplemousses, Mauritius, und eine alte Briefmarke aus Brasilien.

LINKE SEITE Marianne North vor ihrer Staffelei, Foto aus den 1870er Jahren.

OBEN Bank im Schatten eines *Ficus elastica*, Garten von Pamplemousses, Mauritius.

LINKS Garten von Peradeniya, Kandy, um 1900.

FOLGENDE DOPPELSEITE LINKS *Jack fruit, Singapore*, Gemälde von Marianne North (Jackfrucht). RECHTS Jackfruchtbaum im Jardim Botânico do Rio de Janeiro. Der Jackfruchtbaum (*Artocarpus integrifolia*) wird wegen seiner essbaren Früchte angebaut, er ist ein naher Verwandter des Brotfruchtbaums.

EIN VIKTORIANISCHER SPAZIERGANG DURCH DIE GÄRTEN

Marianne Norths Autobiografie *Recollections of a Happy Life*, in der sie die Erinnerungen an ihre Reisen niedergeschrieben hat, enthält eine Fülle von Eindrücken, Details, Schilderungen von Gerüchen und Farben, die ihr in den tropischen Gärten begegnet sind. Sie ist ein wertvolles Zeugnis, wie damals, in den 1870er Jahren, die Atmosphäre dort gewesen sein dürfte. In Brasilien stellte Marianne ihre Staffelei natürlich im Jardim Botânico von Rio auf. Jeden Morgen um sechs Uhr traf sie dort ein, sie kam mit der kurz zuvor in Betrieb genommenen Straßenbahn, die von Mauleseln gezogen wurde. Das Archiv des Gartens berichtet, wie wichtig das Transportmittel war, das auf einmal Besucherscharen brachte; zuvor hatten die Menschen wenig Neigung verspürt, sich so weit vom Stadtzentrum zu entfernen. Die Tage, die Marianne malend in den schattigen Alleen verbrachte, bis die Sonne unterging, waren für sie »ein unerschöpflicher Zauber«. Der Direktor des Gartens, seit 1863 der Österreicher Karl Glasl, erwies sich als sehr gastfreundlich und bot der Künstlerin an, ihre Staffelei und ihr Malzeug in seinem Haus unterzustellen. Er begleitete Marianne durch den Garten, zeigte ihr Besonderheiten und machte sie mit »Pedro« bekannt, einem Tapir, der aus dem Gebüsch getrottet kam, wenn man seinen Namen rief, und um Leckereien bettelte. Sie begegneten Spaziergängern, hauptsächlich solchen, die zum Picknick in den Garten gekommen waren; mittlerweile hatte man zwischen den Bambusgruppen Tische und Bänke aufgestellt. Einen Ausschank gab es offensichtlich noch nicht. Marianne fragte den Direktor, ob es möglich sei (was heißen sollte, »ob es sich für eine Dame gezieme«), in dem kleinen Gasthaus vor dem Eingang des Gartens einen Kaffee zu trinken. Glasl riet ihr dringend von einer solchen Tollkühnheit ab. Für ihn begann außerhalb der Gitter seines botanischen Gartens die Wildnis. Seinen eigenen Töchtern hatte er strikt verboten, den Garten zu verlassen. Außerdem beschreibt Marianne ausführlich die berühmte Königspalmen-Allee, die damals schon in der ganzen Welt bekannt war: »Diese riesige Straße ist herrlich, aus allen Blickwinkeln (und sie erinnert mich an die Säulengänge von Karnak).« Tatsächlich war die Anlage spektakulär: Die Palmen waren zwar erst 1842 gepflanzt worden, hatten aber bereits eine Höhe von mehr als 30 Metern erreicht. Auch andere Alleen beeindruckten die Besucher: die der Schraubenbäume, die sich über ihre Teleskopwurzeln beugten, die Reihen wuchtiger und gewundener Kampferbäume, die Jackbäume mit ihren riesenhaften Früchten, genarbt und »groß wie Kürbisse«. Und all das befand sich inmitten »hoher blauer Berge«. Nach zwei Wochen schlug jedoch das Wetter um, und Marianne kehrte dem Garten von Rio den Rücken.

OBEN Die Zahnradbahn, die zum Wald von Tijuca in Rio de Janeiro hinaufführt; Postkarte um 1910.

UNTEN *India-rubber trees at Buitenzorg* (*Ficus elastica* oder »Gummibaum«, in Buitenzorg), Gemälde von Marianne North.

FOLGENDE DOPPELSEITE *Gardener's Cottage, Buitenzorg* (Hütte des Gärtners, Buitenzorg), Gemälde von Marianne North.

LINKE SEITE Ein Gigant in dem Urwald, der mitten im botanischen Garten von Singapur erhalten wurde. Einige Bäume sind bis zu 50 Meter hoch und wurden mit einem Blitzableiter ausgerüstet (das Kabel, das am Stamm herabläuft).

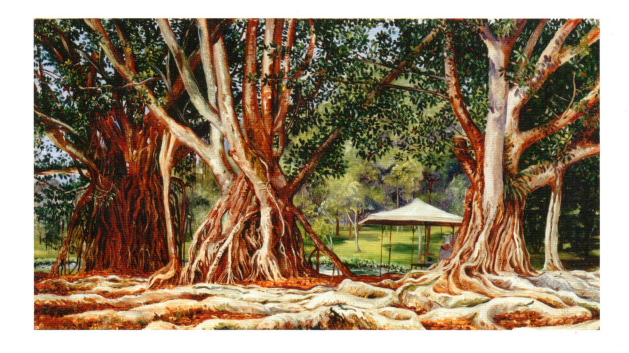

PARADIESE UND SCHUTZRÄUME

OBEN *Syzygium malaccense*, Strauch aus der Familie der Myrtengewächse, ein Verwandter des Javaapfels (siehe S. 100). Jardim Botânico do Rio de Janeiro.

VORANGEHENDE DOPPELSEITE Urwald, Botanic Gardens, Singapur.

FOLGENDE DOPPELSEITE See mit Riesenseerosen der Art *Victoria amazonica*, Botanischer Garten von Buitenzorg, Java, um 1880.

RECHTE SEITE Zwei kleine Mädchen im Garten von Perdeniya, Kandy, um 1900, vor zwei riesigen Blättern, wohl einer Art aus der Gattung der Pfeilblättler (*Alocasia*).

1875 ist sie in Buitenzorg. Diesmal ist es von ihrem Hotel nur eine Viertelstunde zu Fuß bis zum Garten, und sie geht jeden Tag zum Malen dorthin, aber nur vormittags. Nachmittags regnet es in Strömen. »Es gab dort«, erinnert sie sich, »eine unendliche Vielfalt der Arten, alle Sorten von Röhricht, von Palmen und Pinien, nicht zu vergessen die sonderbaren Aronstäbe, die die einzigartige Fähigkeit besitzen, Wärme abzugeben. Die schönsten Seerosen der Welt waren dort versammelt, auf einem See vor dem Palais [in dem damals der Generalgouverneur residierte] inmitten des Gartens. Der Direktor hatte die Freundlichkeit, darum zu bitten, dass man mir die Pflanzen brachte, die ich malen wollte. Allein die Palmen, ihre Blüten und Früchte, hätten mich ein ganzes Leben lang beschäftigen können. Die blaue Thunbergie und andere Kletterpflanzen rankten sich bis auf die höchsten Bäume und fielen in Vorhängen aus grünem Laub und hübschen Blüten wieder herab.«

Im nächsten Jahr bezaubert sie in den Botanic Gardens von Singapur das Stück Urwald, das »wirklich unberührt« war und aus dem man nun wohl auch die letzten Tiger vertrieben hatte, die 15 Jahre zuvor noch dort herumgestreift waren. Zum ersten Mal sah sie in freier Natur Kannensträucher, die sich zwischen den Farnen schlängelten, fleischfressende Pflanzen aus dem malaiischen Dschungel. Bei dem Anblick stieß sie einen »Freudenschrei« aus: Die tückische Schönheit der Kannensträucher, die Insekten in die Falle ihrer blassen Kelche locken, ist ein großer Topos der viktorianischen Literatur und Gartenkunst.

In Kandy besuchte Marianne bei strömendem Regen Peradeniya, in Begleitung von Dr. Thwaites, dem »lieben alten Gentleman«, der den Garten beinahe 30 Jahre geleitet und persönlich die Hälfte der Gewächse dort gepflanzt hatte. Er wetterte gegen die »Erfindungen« der »modernen Gärtnerei«. Da wollte man ihn doch zwingen, Rabatten anzulegen! Er wehrte sich und gedachte nicht, daran etwas zu ändern, dass »Bäume in möglichst malerischer Weise gruppiert« wurden, »überwuchert von Kletterpflanzen in einem natürlichen und reizvollen Durcheinander«.

Von Kalkutta schließlich berichtet die unermüdliche Reisende nicht viel. Sie brachte aber wertvolle Empfehlungen zu lokalen Medizinpflanzen mit, die sie »heilige Pflanzen« nannte. Die Leitung des Gartens vermittelte ihr die Begegnung mit einem indischen Weisen, der sie einige Geheimnisse der »Shiva-Blumen« lehrte – ein Beweis, dass die Beamten ihrer Gnädigen Majestät Kontakte zur traditionellen indischen Wissenschaft hatten.

LINKS Eingang zum botanischen Garten von Singapur, Postkarte um 1910. Der Abstand zwischen den Säulen zeigt, dass die Besucher mit der Kutsche und später mit dem Automobil in den Garten fuhren.

PARADIESE UND SCHUTZRÄUME

Die Wachsfrüchte des Robillard d'Argentelle

Bevor die westlichen Mächte das Zeitalter der großen Ausstellungen – Kolonial- oder Weltausstellungen – einläuteten und bevor die botanischen Gärten in den Metropolen in ihren beheizten Gewächshäusern die üppige Vegetation exotischer Gärten und Wälder nachbildeten, wussten die Menschen in London, Paris oder Berlin nicht viel darüber, was in den Tropen wuchs, und ganz sicher hatten sie bis 1850 nichts mit eigenen Augen gesehen, es sei denn in Büchern. Das galt besonders für essbare Früchte und Pflanzen – Pfeffer, Tee, Kaffee und Kakao –, die nur in der Form bekannt waren, in der sie gehandelt wurden: getrocknet, als Pulver, verarbeitet, wie sie die Schiffe brachten. Ganz zu schweigen von den Früchten, deren Geschmack man in Europa gar nicht kannte und die zum Beispiel die französische Zeitschrift *Le Tour du Monde* vage so beschrieb: »Litschis aus China, duftende Mangostanfrüchte, Jackbäume mit majestätischem Wuchs, Avocadobäume, deren Früchte wie Butter sind«.

All das erklärt den enormen Erfolg einer Ausstellung in Paris im Oktober 1829 mit dem Titel »Carporama«. Und das bekamen die Pariser zu sehen: eine außerordentliche Sammlung von Gegenständen aus Wachs, täuschend echte Nachbildungen in naturgetreuem Maßstab von 112 tropischen Pflanzen und vor allem Früchten. Die Modelle wurden mit äußerster Sorgfalt in den botanischen Details angefertigt und wirkten geradezu lebendig. Alles war perfekt wiedergegeben: feinste Farbschattierungen, raue Borke, die Struktur von Fruchtfleisch, bereifte Haut, die Biegung von Ästen und Blättern. Der Veranstalter Louis Marc Antoine Robillard d'Argentelle (1777–1828) war weder Wissenschaftler noch, zumindest offiziell, Künstler. Er war früh ins Militär eingetreten und seit den ersten Feldzügen nach Italien fasziniert von schönen Wachsnachbildungen von Pflanzen und Früchten in den Museen von Neapel und Pavia. Dort hatte er sich wohl zum ersten Mal mit den Techniken des Modellierens beschäftigt. 1801, inzwischen Hauptmann, begleitete er General Decaen nach Ostindien, Im Jahr darauf kam er nach Île de France. Die Schönheiten der Natur begeisterten ihn so, dass er sich in den bewaldeten Hügeln von Rivière Noire niederließ und sich an die Arbeit machte. Selbst als die französische Kolonie 1810 an die englische Krone fiel und in Mauritius umbenannt wurde, blieb er dort. Sein Werk war noch nicht vollendet: Erst 1826 verließen der Hauptmann und seine außergewöhnliche Sammlung von Wachsfrüchten die Insel. Wir können mit gutem Grund vermuten, dass Robillard d'Argentelle zahlreiche Modelle im Garten von Pamplemousses fand, denn auch nach 1810, als der Garten weitgehend sich selbst überlassen blieb, dürfte er wohl dort die meisten und seltensten Arten angetroffen haben.

Nach der Ausstellung 1829 erlebte die Sammlung Carporama viele Wechselfälle: Ausländische Käufer interessierten sich dafür, sie geriet in Vergessenheit, ging verloren und wurde wiedergefunden, mehrmals stand das Naturkundemuseum in Paris kurz davor, sie zu kaufen, und schließlich schenkten die Erben von Robillard d'Argentelle 1887 die Sammlung dem Museum. Noch heute befindet sie sich dort, beinahe unversehrt, doch leider ist sie dem Publikum nicht zugänglich. Einige der schönsten Stücke sind in der Eingangshalle zum Labor für Phanerogamie ausgestellt. Die Laboranten, Konservatoren und Botaniker, die dort vorbeigehen, können sich die riesige grüne Frucht des Jackbaums (*Artocarpus integrifolia*) anschauen, die von einem belaubten Ast getragen wird. Die Frucht liegt offen da, zeigt ein weißes, cremiges Fruchtfleisch mit einzelnen gelben Kernen und wirkt so frisch und appetitlich – nach 200 Jahren! –, als hätte man sie gestern gepflückt, von einem Baum in den wunderschönen Gärten von Île de France.

OBEN Jackfrucht aus Wachs, ausgestellt in der Eingangshalle des Labors für Phanerogamie im Naturkundemuseum in Paris. Jackfrüchte können bis zu 30 Kilogramm wiegen. Es ist eine amüsante Vorstellung, dass sie zur selben Familie gehören wie die kleinen Maulbeeren (*Moraceae*).

LINKS Plakat für die Caporama-Ausstellung in Paris, 1829.

UNTEN Eine der indischen Bänke, die im 18. Jahrhundert im Garten von Pamplemousses, Mauritius, aufgestellt wurden. Die Pavillons schützten die Spaziergänger vor Sonne wie vor Regen, Postkarte um 1900. Ein solcher Pavillon heute im »Petit Jardin«.

RECHTE SEITE Denkmal für Paul und Virginie, das kürzlich im Kirchgarten von Pamplemousses auf Mauritius aufgestellt wurde. Bernardin de Saint-Pierre (der Nachfolger Buffons im Amt des Intendanten des Jardin des Plantes in Paris) veröffentlichte 1788 *Paul et Virginie*, die tragische Geschichte zweier junger Liebender, die in dem Dorf Pamplemousses aufwuchsen. Um dieser anrührenden Idylle – die ein riesiger Erfolg war – eine Gestalt zu geben, steht versteckt zwischen Palmen ein kleines Denkmal an der Stelle, wo sich angeblich das Grab von Paul und Virginie befindet. Es zieht ebensoviele Besucher an wie die pflanzlichen Sehenswürdigkeiten des Gartens (s. a. S. 155).

ZUR UNTERHALTUNG DER KOLONIE

Wenn wir den Spaziergängen von Marianne North folgen – vor dem Hintergrund der viktorianischen Begeisterung für Blumen und Gärten –, sehen wir, dass der botanische Garten auch ein öffentlicher Park war. Viele der berühmten tropischen Anlagen dienten im Übrigen erst als Erholungsstätten für die Europäer, bevor sie wissenschaftliche Aufgaben übernahmen. Oft – das trifft zum Beispiel, wie erläutert, für Pamplemousses und Buitenzorg zu – gehörte der Garten ursprünglich zur Residenz des Gouverneurs. Auf diese Weise hatte der von Heimweh geplagte europäische Siedler ein Stück Land, das der Zuständigkeit der Heimat unterstand, gewissermaßen ein Stück Mutterland. Man achtete sehr darauf, europäische Blumen anzusiedeln: Eine Liste der in den 1780er Jahren im Garten von Pamplemousses kultivierten Pflanzen zeigt, dass dort Veilchen wuchsen, Rittersporn, Stockrosen und Stiefmütterchen. Ungefähr zur selben Zeit schuf Nicolas Céré die ersten Gartenmöbel mit seinen großen indischen Holzbänken, die man weiß gekalkt hatte. Schließlich fühlten sich die Kolonialbewohner beinahe zu Hause an diesen Orten, wo die Verantwortlichen ihnen alle Zerstreuungen und Annehmlichkeiten boten, Ratschläge für den Gartenbau und etliche sonstige Dienste (manchmal auch die einer Ambulanz). All das ging mit einer Vertrautheit vonstatten, die bisweilen die Kolonialbeamten verärgerte. Ein Artikel in der Zeitung *Le Tour du Monde* aus dem Jahr 1861 berichtet über die Empörung von Monsieur Richard, einem alten Wissenschaftler, der zunächst Direktor der Baumschulen von Saint-Cloud war, dann die Baumschulen in Cayenne und im Senegal übernahm und zuletzt Leiter des botanischen Gartens von La Réunion in Saint-Denis wurde: »Einige Kreolen glauben, der staatliche Garten sei nur für sie angelegt worden, damit sie Salat haben, wenn es auf dem Markt keinen gibt und sie viele Gäste erwarten; und um ihnen alle möglichen neuartigen Pflanzen zu liefern, sogar solche, die sie sich ausdenken.« Hatten nicht zwei Damen auf der Suche nach etwas Ausgefallenem für ihre Gestecke bei ihm »Schwefelblumen und Wismutblumen« bestellt?! Für Monsieur Richard gab es nur eine Schlussfolgerung: »All das beweist, dass das Buch der Natur für viele unserer Siedler noch verschlossen ist, und dass die großartige Vegetation, die sie umgibt, für sie nur aus Blumen und Blättern besteht.«

Der Garten in Singapur war von Anfang an als Erholungspark angelegt worden. Auch dort galt das Hauptinteresse der kolonialen Besucher zumindest anfangs nicht primär der heimischen

Flora. Sie interessierten sich nahezu ausschließlich für die – zum Scheitern verurteilte – Einbürgerung der empfindlichen englischen Rosen, die ewige Sehnsucht der im Ausland lebenden Engländer. Die Gärtner taten unterdessen ihr Bestes, und nicht weit von dem Musikpavillon, den die Agri-Horticultural Society auf einem kleinen Vorsprung errichten ließ, gab es bald einen großen Rosengarten. Singapurs gesamte koloniale Elite ließ sich mit der Kutsche dorthin bringen: Man genoss die frische Luft und die herrlichen Ausblicke. Wenn die Militärkapelle mit blitzenden Instrumenten und glänzenden Uniformen die ersten Takte von *Rule Britannia* anstimmte, wurde allen warm ums Herz. Und wenn der Himmel bedeckt war und es wie so oft regnete, fühlte man sich wie in England!

Ähnlich ging es in den französischen Kolonien in Indochina zu. In Saigon führte der Weg der Europäer im Auto nachmittags zwischen fünf und sechs natürlich in den botanischen Garten, der – wie 1875 ein gewisser Doktor Morice, ein Reiseschriftsteller, berichtete – »mittlerweile eine unserer großen Städte in Europa schmücken könnte«. Der Garten, fuhr er fort, »ist einer der beliebtesten Spaziergänge der Bewohner von Saigon, unsere Offiziere und Kaufleute haben die Gewohnheit, dort am Abend frische Luft zu schnappen«. Als zusätzliche Unterhaltung wurde ein Zoo angelegt mit zierlichen Pavillons und »vergitterten Häusern«, der eine stattliche Zahl von Tieren beherbergte, darunter Tiger, Panther, Elefanten, Bären und Schlangen. Auch in Singapur gab es einen Zoo, allerdings von bescheideneren Dimensionen. Er wurde gegründet, als die Agri-Horticultural Society vor dem Konkurs stand und sich um neue Mitglieder bemühte. Dieser Zoo zeigte über 100 Tiere, fast ausnahmslos Geschenke: ein Leopard vom König von Siam und Kängurus von einer Akklimatisierungsgesellschaft in Melbourne. Einige Jahre später befand sich die Menagerie – die bis 1905 existierte – in einem beklagenswerten Zustand. Zoos zählen nicht zu den Verdiensten der botanischen Gärten.

Heute gibt es in Pamplemousses noch ein Relikt jener Tierparks, allerdings zeigt es nur zwei Arten: uralte Riesenschildkröten und eine Herde kleiner Hirsche, die unter den Bäumen dösen. Die Schildkröten wurden 1875 auf Ersuchen der Royal Society of Arts and Sciences von Mauritius in dem Zoo aufgenommen. Sie kamen aus Aldabra, einem Seychellen-Atoll. Dort schienen sie genauso bedroht wie die Schildkröten auf den Maskarenen, die kurz nach den unglücklichen Dodos, den Riesentauben, ausgestorben waren. Die Hirsche von der Art *Cervus timorensis* (Mähnenhirsch), die mit ihren samtigen Geweihen sehr grazil wirken, hatten die Holländer 1639 mitgebracht, ihre Heimat war Java. Die Haltung der beiden Tierarten illustriert die widersprüchliche Einstellung des Menschen, der einerseits zerstört und andererseits Arten neu ansiedelt. Immer steht eine bestimmte Absicht hinter dem, was in einem botanischen Garten gezeigt wird. Das ist wahrscheinlich der wichtigste Unterschied zu einem öffentlichen Park, obwohl die Abgrenzung nicht immer ganz eindeutig ist.

OBEN Tembusu (*Fagraea fragrans*), eines der berühmten Gewächse im botanischen Garten von Singapur, das wahrscheinlich schon hier stand, als der Garten 1859 errichtet wurde. Der Baum zählt zum Naturerbe (*Heritage tree*), das heute sehr bedroht ist, und wird deshalb besonders gepflegt.

LINKE SEITE *Cyrtostachys renda* (die Siegellackpalme, auf Englisch auch *lipstick*) ist eine in Singapur beheimatete Palmenart und heute die Wappenpflanze des botanischen Gartens. Anders als in der Vergangenheit rücken die tropischen botanischen Gärten heute die einheimischen Arten gegenüber den fremden in den Vordergrund.

VORANGEHENDE DOPPELSEITE *Calathea lutea* und *Bismarckia nobilis* entlang der Lower Palm Valley Road, Botanic Gardens, Singapur (S. 174–175). Der viktorianische Pavillon stand früher auf dem Rasen vor der Admiralität und wurde 2001 ans Ufer des Swan Lake versetzt, Botanic Gardens, Singapur (S. 176–177).

LINKS Aldabra-Schildkröten, Garten von Pamplemousses, Mauritius.

OBEN Die große Voliere im botanischen Garten von Saigon, Postkarte um 1900.

PARADIESE UND SCHUTZRÄUME

Der Besuch im Jockeiclub
unter der Führung des Präsidenten gehört zu
den grössten Eindrücken, die ich in einer seltenen schönen
Tagen in Rio de Janeiro
der grössten Gastlichkeit davon-
getragen habe. Ich werde immer
gerne zurückdenken an diesen
Aufenthalt.

Albert Einstein.

Albert Einstein
[other signatures]
W. Popper
[...]
Sodré de [...]
Adolpho [Hurtado?]

KEIN NORMALER ÖFFENTLICHER PARK

Bei den Besuchern herrschte jedenfalls Konfusion, und die Verwaltung musste die Dinge immer wieder klarstellen und daran erinnern, dass ein botanischer Garten etwas »ganz anderes« als ein öffentlicher Park sei. Die Hausordnung des Jardim Botânico von Rio vom 6. September 1838 präzisierte den Status des Gartens und unterstrich seine Würde. Darin hieß es: »Damit die Besucher in den vollen Genuss dessen kommen, was ihnen an Erholungsmöglichkeiten, Staunenswertem und an wissenschaftlicher Forschung geboten wird, ist es verboten, auf dem Gelände des Gartens ein Mittag- oder Abendessen einzunehmen, noch dürfen ohne vorherige Zustimmung des Direktors Nahrungsmittel oder alkoholische Getränke mitgebracht werden […], gleichfalls darf niemand dort baden, auch nicht in züchtiger Kleidung […] Der Direktor wird dafür Sorge tragen, dass möglichst jeder, der den Garten betritt, von einem Aufseher begleitet wird.« Nach dem, was Marianne North über ihren Aufenthalt im Garten von Rio 30 Jahre später schreibt, musste die Direktion später offensichtlich die Zügel wieder lockerer lassen.

Das zweite Problem bei der Konfusion von botanischem Garten und öffentlichem Park bestand darin, wissenschaftliche Korrektheit zu wahren und das Auge des Besuchers zu erfreuen. Jeder Direktor hatte seine eigenen Theorien, wie man beides harmonisch verbinden konnte, entwickelte daraus eigene Lösungen und nutzte im Allgemeinen seine Amtszeit zu neuen Arrangements im Garten. In Kalkutta haben wir das Beispiel für einen – seltenen und überaus zerstörerischen – Konflikt zwischen den Ansichten des Superintendenten Nathaniel Wallich und seines Stellvertreters William Griffith, zweier Helden der Geschichte der Botanik in den Kolonien. Wallich haben wir bereits kennengelernt: Er hatte eine maßgebliche Rolle bei der Einrichtung der *tea-gardens* in Assam gespielt. Nun war er fast 50 Jahre alt und stand am Ende seines Berufslebens. Der 24 Jahre jüngere William Griffith, sehr begabt und sehr ehrgeizig, wartete ungeduldig darauf, endlich Wallichs Platz einnehmen zu können: ein klassischer Generationenkonflikt. 1842 musste sich Wallich, den schon seit geraumer Zeit das Tropenfieber quälte, zwei Jahre Ruhe gönnen. Griffith wurde vorübergehend zum Superintendenten ernannt; das war die Chance, auf die er gewartet hatte. Sofort kontaktierte er Kew und berichtete, dass

UNTEN Einer der sieben Wallace-Brunnen, die im 19. Jahrhundert im Jardim Botânico do Rio de Janeiro gebaut wurden.

VORANGEHENDE DOPPELSEITE Der große Brunnen im Jardim Botânico do Rio de Janeiro, angefertigt in England und aufgestellt 1895 durch Barbosa Rodrigues.

FOLGENDE DOPPELSEITE Säulengang, Jardim Botânico do Rio de Janeiro.

LINKE SEITE Im Jahr 1925 besuchte Albert Einstein den Jardim Botânico do Rio de Janeiro. Das Foto zeigt ihn mit dem damaligen Direktor Pacheco Leão und dem örtlichen Rabbiner Israel Raffalovich. Rechts oben auf der Seite sein Dank und seine Unterschrift im Goldenen Buch des Gartens.

OBEN Die Liénard-Säule im Garten von Pamplemousses, Mauritius, Postkarte um 1900. Dieser 1860 aufgestellte Obelisk trägt die Namen all derjenigen, die sich um die Insel Mauritius verdient gemacht haben.

RECHTS Haupteingang zum Jardim Botânico do Rio de Janeiro, erbaut 1894.

PARADIESE UND SCHUTZRÄUME

er den Garten in beklagenswertem Zustand übernommen habe, »das ist kein botanischer Garten mehr, sondern eine Anlage zur Erholung, und dazu noch nicht einmal schön«. Unnötig zu erwähnen, dass er Wallich schwer belastete. Zugegebenermaßen hatte Wallich sich primär um die wirtschaftlichen Aspekte der Botanik gekümmert und darüber den Garten vernachlässigt. Er hatte die Tore für Besucher geöffnet, die nun durch die Anlage promenierten und Picknicks veranstalteten. Griffith machte sich daran, Ordnung zu schaffen. Er gehörte zur Generation der »Profis«: Man sortiert und ordnet die wilde Natur, man bezwingt Indien mit den Mitteln der Wissenschaft. Als Erstes ließ er alles von den Wegen entfernen, was dort nicht hingehörte: wild wachsende Kräuter, Büsche, Bäume. Danach plante er »wissenschaftliche Gärten«, alle säuberlich voneinander getrennt. Der eine zeigte die Flora Indiens, ein anderer das sogenannte »natürliche« Klassifikationssystem, ein dritter das System von Linné. Schließlich vergewisserte er sich, dass alle Pflanzen genau zu identifizieren waren. In den »wissenschaftlichen Gärten« standen alle Pflanzennamen in schwarzer Schrift auf weiß gestrichenen Zinktafeln, in anderen Gärten begnügte man sich mit kleinen Bambusschildern.

Joseph Hooker besuchte den Garten von Kalkutta 1848. In seinen Memoiren schrieb er später über die »Neuerungen«: »Es war viel Unverstand in den Umgestaltungen, die seit der Zeit des Dr. Wallich unternommen wurden, als man die Gärten als die schönsten in Asien rühmte [...]. Stattdessen fand ich eine abstoßende Wüste vor, ohne Schatten (was die erste Notwendigkeit in einem tropischen Garten ist) und ohne andere Schönheiten als ein paar einzelne Bäume, die der unterschiedslosen Zerstörung des Nützlichen und Schmückenden entgangen waren, alles in der Absicht, einen Garten in ein Handbuch der Botanik zu verwandeln.«

Es war dann Superintendent George King, der dem Garten von Kalkutta ab 1871 das Aussehen verlieh, das wir heute kennen. Er ließ Seen anlegen, Hügel formen, geschwungene breite Wege und zahllose kleine Pfade, verteilte mit kleinen Pinselstrichen Exotisches und Geheimnisvolles und erzielte so den höchst schwierigen Kompromiss von Wissenschaft und Schönheit.

UNTEN Eingangstor zum Garten von Pamplemousses, hergestellt in England (wo es auf der Weltausstellung in London 1862 einen ersten Preis erhielt) und eingebaut 1868. Die Haupteingänge zu botanischen Gärten waren immer luxuriös, sogar spektakulär gestaltet, denn sie sollten einmal die Würde der Einrichtung zum Ausdruck bringen und daneben die Macht der Kolonialherren demonstrieren.

FOLGENDE DOPPELSEITE Alte Gewächshäuser und Statuen von Narziss und Echo, Werke des brasilianischen Bildhauers Mestre Valentim (1750–1813), Jardim Botânico do Rio de Janeiro.

OBEN Eingang zum botanischen Garten in Trinidad, Postkarte um 1900–1910.

LINKE SEITE Büste von João VI., König von Portugal und Brasilien, Jardim Botânico do Rio de Janeiro.

PARADIESE UND SCHUTZRÄUME

DIE ZEIT DER BLUMEN

Das Interesse für den Garten an sich, für seine Anlage und Verschönerung entwickelte sich parallel zur allmählichen Abkehr von Pflanzenansiedlungen zu kommerziellen Zwecken, um die sich zunehmend die Landwirtschaftsministerien und ihre Versuchsanstalten kümmerten.

Der reine Gartenbau war lange Zeit ein eher wenig geschätzter Bereich. Den Botanikern gefiel es nicht, wenn man ihre Wissenschaft mit der Tätigkeit von Hobbygärtnern in Verbindung brachte, mit blumenumrankten Cottages, *flower shows* und Damen, die die Schirmherrschaft für dieses oder jenes Ereignis übernahmen. Zumindest war dies die offizielle Haltung. Inoffiziell besserten die Wissenschaftler, auch so renommierte Persönlichkeiten wie John Lindley (1799–1865), ihre mageren Saläre dadurch auf, dass sie Beiträge für populäre Zeitschriften schrieben, die sich an Hobbygärtner richteten, oder dass sie reichen Sammlern seltene Blumen verkauften und Ratschläge für ihre Pflege erteilten. In diesem Sinn ließ William Hooker in den 1850er Jahren auf Druck der Öffentlichkeit (für die Kew künftig unter der Woche geöffnet war) entlang der breiten Wege seiner renommierten Anlage Blumen anpflanzen. Blumenarrangements und Rabatten erschienen ihm indes als ein zu gewöhnlicher Schmuck für einen botanischen Garten wie Kew. Wie geschildert, gingen die Überlegungen von Dr. Thwaites in Peradeniya in eine ganz ähnliche Richtung. Das sollte William Hooker nicht hindern, von der Gartenbaumode zu profitieren, um für die Arbeit seines Sohnes Joseph zu werben, der von seiner Expedition nach Sikkim (von 1848 bis 1851) viele Blumen mitbrachte, allein 28 neue Arten von Rhododendron, die er am Fuß der verschneiten Berge des Himalaja entdeckt hatte. Ein Schatz für die eifrigen englischen Gärtner!

Die Blumen hatten einen Preis, und der war nicht gering. Vor allem für die Orchideen aus Amazonien und Borneo, die verschnörkelten, gefleckten, giftigen, schwefelgelben, bepuderten, manchmal stark duftenden, waren amerikanische Millionäre und englische Lords bereit, Unsummen zu bezahlen. Die Orchidee war damals, gegen Mitte des 19. Jahrhunderts, noch eine Wildblume, die man tief im Regenwald suchte, inmitten von Schlamm und gefährlichen Ausdünstungen. Es waren keine organisierten Expeditionen, sondern improvisierte, gefährliche Unternehmungen. Zwischen den Orchideenjägern herrschte ein erbitterter Konkurrenzkampf um seltene Exemplare, die so teuer gehandelt wurden wie Gold. Wer als Erster kam, nahm so viele Pflanzen mit, wie er konnte, und verbrannte den Rest, damit für die Konkurrenten nichts übrig blieb. Und wenn die begehrte Pflanze unerreichbar irgendwo in schwindelnder Höhe blühte,

OBEN Agri-horticultural show, Singapur, Postkarte, 1906.

UNTEN LINKS Kurkumablüte ›Sulee Rainbow‹ (*Zingiberaceae*); RECHTS Allee des Plant House, angelegt 1882, Botanic Gardens, Singapur.

LINKE SEITE Orchideenblüte im Mist House, Botanic Gardens, Singapur.

FOLGENDE DOPPELSEITE Epiphyten und Blütengirlande einer *Bauhinia kockiana*, Plant House, Botanic Gardens, Singapur.

VORANGEHENDE DOPPELSEITE Garten von Peradeniya, Kandy, um 1900.

PARADIESE UND SCHUTZRÄUME

LINKS *Cornukaempferia aurantiflora*, Zingiberaceae, Botanic Gardens, Singapur.

RECHTE SEITE *Aechmea ›Blue Tango‹*, Bromelienhaus, Botanic Gardens, Singapur.

FOLGENDE DOPPELSEITE Im Orchideengarten, Botanic Gardens, Singapur.

OBEN *Arum titanum*, eine seltsame (und enorm übelriechende) Pflanze, die nur etwa alle zehn Jahre blüht. Sie kann bis zu drei Meter hoch und bis zu 75 Kilo schwer werden. Die Titanenwurz ist heute eine der Hauptattraktionen des botanischen Gartens von Bogor (ehemals Buitenzorg), Java, wo sie 1995 eingeführt wurde und im April 1997 zum ersten Mal blühte.

zögerte man nicht, Bäume zu fällen. Diese brachialen Methoden bedrohten die Bäume freilich ebenso wie die Orchideen.

Viele tropische Gärten versuchten sich an der Zucht von Orchideen, allen voran der Garten in Singapur. Die Gärten in Kalkutta, deren Botaniker im 18. Jahrhundert die dortigen Wälder erkundet hatten, besaßen ein enormes Wissen über die malaiische Flora (darunter auch die Pflanzen aus der Familie der *Orchidiaceae*). Dieses Material nutzte offensichtlich auch Singapur. Als James Murton 1875 die Leitung des Gartens übernahm, kultivierte man dort bereits Orchideen. Die Agri-Horticultural Society hatte dafür ein eigenes Gewächshaus errichtet, und Murton ließ es nun durch ein neues ersetzen. Aus seinen Aufzeichnungen geht hervor, dass andere botanische Einrichtungen sich mit der Bitte um Orchideenpflanzen an ihn wandten: In seinem ersten Jahr verschickte er zehn große Kisten per Schiff an verschiedene Gärten. Seine Nachfolger setzten das fort. Ridley kümmerte sich neben seiner Beschäftigung mit Kautschuk auch um die Zucht, das Sammeln und den Tausch von Orchideen. 1912 rangierten die Orchideen auf der Liste der Pflanzen in seinem botanischen Garten ganz oben, sie waren mit 216 Arten vertreten gegenüber 261 Arten von Farnen und 245 Palmen. In Ridleys Amtszeit fiel ein folgenreiches Ereignis: 1893 besuchte eine gewisse Miss Agnes Joaquim den botanischen Garten. Sie kam geradewegs aus ihrem Garten im heutigen Stadtteil Tanjong Pagar mit einer kleinen, rosa- und malvenfarbenen Orchidee, die sie nicht kannte und die sie zur Bestimmung mitgebracht hatte. Ridley stellte fest, dass es sich um eine natürliche Hybride handelte (damals kannte man nur etwa 40 auf der ganzen Welt), die erste in Singapur gefundene. Er nahm die Pflanze in seinen Garten auf und gab ihr den Namen *Vanda ›Miss Joaquim‹*, eine sehr blühfreudige Sorte und

ein großer kommerzieller Erfolg. 1981 wurde diese Orchidee zur Nationalblume des Staates Singapur erwählt.

Die Eigenschaften der *Vanda ›Miss Joaquim‹*, die praktisch ständig und üppig blüht, bestätigten Professor R. E. Holttum, seit 1922 Direktor des Gartens von Singapur, letztlich in dem Vorhaben, Hybriden zu züchten. Damals waren Studium und Zucht von Orchideen noch eine Herausforderung. Holttum bedachte jeden Aspekt und organisierte auch Expeditionen in den Dschungel, um seine Sammlung zu vergrößern. Offensichtlich spielten Amateure wie eh und je eine zentrale Rolle. Cedric Carr, ein Orchideen-Fan, der in der Kautschukbranche arbeitete, war einer von Holttums wichtigsten Mitarbeitern. Holttum gewährte ihm Zugang zur Bibliothek und zum Herbarium des botanischen Gartens, im Gegenzug bereicherte Carr zwischen 1928 und 1936 die malaiische Flora um rund 100 neue, bis dahin unbekannte Orchideenarten. Sein Haus mitten im Dschungel wurde zu einer Dependance des Gartens und zum Ausgangspunkt zahlreicher Expeditionen. Er starb 1937 an Schwarzwasserfieber, einer gefährlichen Komplikation einer chronischen Malaria, die er sich im Dschungel zugezogen hatte.

Der zweite Aspekt von Holttums Arbeit war rein wissenschaftlicher Natur. Er erprobte eine neue, von Professor Lewis Knudson entwickelte Methode, Orchideensamen in einem sterilen Milieu zum Keimen zu bringen. 1929 waren ihm bereits viele Keimversuche gelungen, 1931 blühte seine erste Hybride. Bei ihm blühte auch *Maggie Oei*, eine kleine Arachnis-Orchidee mit getigerten Blütenblättern, die heute in die ganze Welt exportiert wird und den Erfolg Singapurs in der Orchideenzucht symbolisiert.

OBEN UND LINKE SEITE Grau und malvenfarben gefleckte Orchidee der Gattung *Vanda ›Mimi Palmer‹* und gelbe Orchidee *›Dorothy Oka‹*, zwei stark duftende Varietäten, Mist House, Botanic Gardens, Singapur.

OBEN Der Botaniker E. J. H. Corner, von 1929 bis 1945 stellvertretender Direktor des botanischen Gartens von Singapur, mit zwei Makaken. Mit der Hilfe eines malaiischen Dompteurs hatte er den Affen beigebracht, Pflanzen hoch oben von den Bäumen zu holen, wenn er ihnen zuvor ein gleiches Exemplar gezeigt hätte.

UNTEN Orchidee *Odontoglossum Adrianae* var. *crawshayanum*.

Den Giganten des Amazonas zähmen

Die Riesenseerose *Victoria regia* (heute heißt sie *Victoria amazonica*) besitzt alle Voraussetzungen, dass sie in den botanischen Gärten des 19. Jahrhunderts zu einer Attraktion werden konnte: riesige flache Blätter, die einen Durchmesser bis zu eineinhalb Metern erreichen können, Knospen, die Naturforscher als »so groß wie ein menschlicher Kopf« beschrieben, und duftende Blüten (nach Ananas und Melone). Die Riesenseerose war eine der emblematischen Pflanzen, über die sich Reisende nach einem Besuch der Gärten in Singapur, Pamplemousses oder Bogor gar nicht genug begeistern konnten, und damit priesen sie zugleich die Großtaten der Botanik und der Gartenkultur in den Kolonien. Aber Größe allein genügte noch nicht. Zur Faszination einer tropische Pflanze trug auch bei, dass sie heikel war, schwierig an einen anderen Lebensraum zu gewöhnen. Wenn es dann gelungen war, sie zu »domestizieren«, wurde sie zum lebenden Beweis, dass nichts den Fortschritt der westlichen Welt auf dem Weg, die Welt zu beherrschen, aufhalten konnte. In diesem Sinn fügte die *Victoria regia* der englischen Krone einen weiteren Edelstein hinzu.

Zwischen 1801 bis 1836 wurde die Riesenseerose mehrmals auf ruhigen Gewässern entdeckt, in Bolivien und in Argentinien. Die entscheidende Entdeckung erfolgte 1836 durch den Preußen Robert Schomburgk, der im Auftrag der Londoner Royal Geographical Society nach Britisch-Guyana reiste und von dort Proben der Seerose nach Europa sandte. Anhand dieses Materials definierte der englische Botaniker John Lindley (1799–1865) die Gattung *Victoria* und die Art *regia*. Zwischen 1846 und 1848 gingen zahlreiche Sendungen mit Samen, Rhizomen und Schösslingen nach Kew, aber dort entwickelten sie sich nicht. Bis im Februar 1849 erstmals Samen keimten, die in wassergefüllten Phiolen nach London geschickt worden waren … Doch in den königlichen Gärten von Kew kümmerten die *Victoria*-Seerosen vor sich hin, mit lächerlich kleinen Blättern von höchstens zwölf Zentimetern. Daraufhin beschloss W. J. Hooker, der Direktor des Gartens, einige Jungpflanzen an reiche Sammler zu übergeben, Hobbygärtner, die viel wussten und bestens ausgestattet waren. So gelangte die *Victoria regia* am 3. August 1849 nach Chatsworth, in den Besitz des sechsten Herzogs von Devonshire, der einen außerordentlich talentierten Chefgärtner beschäftigte: Joseph Paxton. Paxton widmete über mehrere Wochen seine ganze Energie (und das Geld des Herzogs) Studium und Pflege der Seerose, die unter Glas in ein beheiztes Becken gesetzt wurde. Die Ergebnisse übertrafen alle Erwartungen. Am 1. Oktober 1849 schrieb Paxton dem Herzog: »Wir waren gezwungen, das Becken für die *Victoria* noch einmal zu vergrößern gegenüber dem, was Eure Gnaden gesehen haben. Am heutigen Morgen maß ein Blatt vier Fuß Länge [1,21 Meter].« Zwei Wochen später meldete er dem Herzog neue Fortschritte: »*Victoria* misst nunmehr vier Fuß fünf Zoll [1,34 Meter].« Maliziös fügte er noch als Postskriptum an: »Die *Victoria* in Kew ist überhaupt nicht größer geworden.« Paxton bereitete es offensichtlich Vergnügen, dass er Hooker bei einer Sache wie dieser ausstechen konnte. Am 2. November war der Erfolg da: Die Seerose zeigte eine schöne Knospe, »wie ein großer Pfirsich in einer Schale«. Am 14. November überreichte Paxton in Windsor im Namen des Herzogs Königin Victoria die erste Blüte dieser Seerose, die sich in England geöffnet hatte. Den endgültigen Triumph verzeichneten der Herzog und sein Gärtner, als sie den Wunsch Hookers erfüllen konnten, der im April 1850 für seinen Garten in Kew höflich um einen Ableger jener *Victoria* ersucht hatte, die in Chatsworth so prächtig gedieh.

Seit 1851 blüht *Victoria* nun auch in der Gewächshäusern von Kew, und von dort gehen die Samen – mit ausführlichen Pflegeanleitungen – an die botanischen Gärten in Europa und in Übersee.

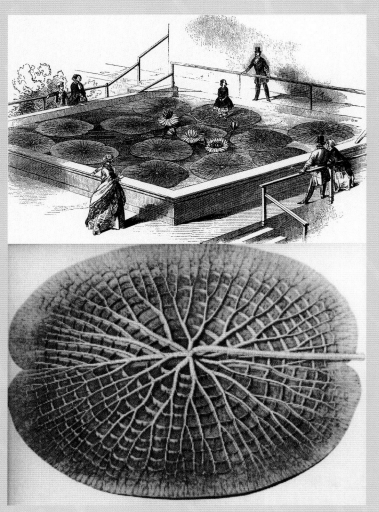

LINKS Joseph Paxton führt in Chatsworth seine Tochter Annie auf dem Blatt einer *Victoria* stehend vor, Auszug aus *The illustrated London News*, 1849. Darunter die Unterseite eines *Victoria*-Blatts; deutlich erkennbar ist das Stützgewebe. Auszug aus *Victoria regia or the Great Water Lily of America*, John Fiske Allen, Boston, 1854.

RECHTE SEITE OBEN *Victoria amazonica* im zweiten Blühstadium (sie nimmt dann eine dunkelrosa Färbung an), Garten von Pamplemousses, Mauritius. Unten Beginn der Blüte (die Korolle ist noch weiß), Illustrationen aus *Victoria regia, or Illustrations of the Royal Water-lily*, Walter Hood Fitch, 1851.

PARADIESE UND SCHUTZRÄUME

DER GRÜNE SCHATZ IN FLASCHENFORM

Die Einzigartigkeit der vor 1950 entstandenen tropischen Gärten hängt mit ihrem Charakter als von Westlern geschaffenen Kolonialgärten zusammen. In einem Land wie China, das zwar in den Tropen liegt, aber trotz zahlreicher Versuche nie vom Westen kolonisiert wurde, finden wir einen solchen Gartentypus nicht – mit Ausnahme der Gärten in den langjährigen Enklaven Hongkong und Macau.

Selbst das Wort »Botanik« tauchte in China erst 1858 auf, im Titel der ersten wissenschaftlichen Veröffentlichung, aus englischen Werken zusammengestellt. Der Begriff für die »Wissenschaft von den Pflanzen« war den Chinesen bis dahin offenbar vollkommen fremd. Dabei interessierten sie sich durchaus für die Pflanzenwelt. China schenkte traditionell der Flora große Aufmerksamkeit, das beweisen die 4000 Pflanzenprodukte, die in der chinesischen Medizin verwendet werden. Die Beschäftigung mit Pflanzen stand nicht für sich allein, sondern immer in Zusammenhang mit unterschiedlichen praktischen Anwendungen, seien sie literarischer Natur, künstlerischer, gartenbaulicher oder medizinischer.

In der zweiten Hälfte des 19. Jahrhunderts entdeckte China allerdings die westliche Botanik und begann ihre Methoden zu integrieren. Daraufhin entstanden tropische botanische Gärten in China, die sich von den Gärten unterschieden, die wir bisher beschrieben haben, denn es waren die ersten Gärten in dieser Region der Welt, die nicht für den Profit der Westler geschaffen wurden, sondern für den Nutzen des eigenen Landes. Im Übrigen stellen sie, weil sie erst so spät eingerichtet wurden (in den 1920er Jahren) eine moderne und sehr weit entwickelte Form der Institution »Botanischer Garten« dar, zum Beispiel berücksichtigten sie von Anfang an Umweltprobleme. Der älteste chinesische Garten ist der South China Botanical Garden, der als Forschungsinstitut 1929 gegründet und 1956 als Garten angelegt wurde. Er liegt 15 Kilometer nordöstlich von Kanton und bedeckt die riesige Fläche von 333 Hektar. Für die Kantonesen ist

UNTEN Brücke und künstlicher See, South China Botanical Gardens, Kanton.

LINKE SEITE Cycas (Sagopalmfarne) im sogenannten prähistorischen Garten, der den urtümlichen Pflanzen gewidmet ist, South China Botanical Gardens, Kanton.

FOLGENDE DOPPELSEITE Dattelpalmen, South China Botanical Gardens, Kanton.

OBEN Statue, South China Botanical Gardens, Kanton.

RECHTE SEITE Gelber Bambus, South China Botanical Gardens, Kanton.

UNTEN Wurzel eines gelben Bambus, gestreifte Varietät *(Schizostachyum brachycladum)*, Botanic Gardens, Singapur.

FOLGENDE DOPPELSEITE Ruhepavillon aus Bambus, South China Botanical Gardens, Kanton.

er ein sehr beliebtes Ausflugsziel. Der Aspekt »öffentlicher Park« rückte schnell in den Vordergrund. In den frühen 1950er Jahren gab es nichts, nur Heide, erodierte Hügel, Sumpf. Nicht einmal 20 Jahre später spazierten die Besucher zwischen Blumenbeeten, grünen Rasenflächen, einem großen künstlichen See, in dem sich Palmen und Koniferen spiegelten, einem in seinem ursprünglichen Zustand erhaltenen Wald, einem eigentümlichen Garten von Palmfarnen, einem weiteren Garten mit »umweltentgiftenden« Pflanzen und Gewächshäusern (vor allem für Kakteen und Sukkulenten, die in der feuchten Umgebung nicht gut gedeihen). Im South China Botanical Garden sollen sich in erster Linie die Besucher wohlfühlen. Er ist zwar auch ein Forschungszentrum mit dem Anliegen, tropische und subtropische Pflanzen zu beherbergen und vom Aussterben bedrohte Arten zu retten. Aber es ist offensichtlich, dass der Garten großen Wert auf engen Kontakt zu seinen Besuchern legt. Der Bereich mit den über 700 Heilpflanzen wird besonders intensiv frequentiert, die Menschen informieren sich und wollen etwas lernen.

Etwas jünger ist der Xishuangbanna Tropical Botanic Garden, der »grüne Schatz in Form einer Feldflasche aus Yunnan«. Er wurde 1959 von Cai Xitao gegründet und liegt im Süden von Yunnan auf einer Halbinsel (in Form einer Feldflasche), die einen Arm des Mekong umfasst. Innerhalb weniger Jahre entstand auf einer Fläche von 900 Hektar tropischem Dschungel ein Garten. Es ist ein magischer Ort. Der Garten ist dem Yunnan Institute of Tropical Botany angeschlossen, dessen Forschungszentrum sich mit der Ansiedlung und Akklimatisierung tropischer Pflanzen befasst sowie mit ihrer Nutzung und ihrem Schutz. Auch hier ist die Bildung der Besucher ein wichtiges Anliegen, und man lenkt die Aufmerksamkeit besonders auf seltene, erstaunliche und bedrohte Pflanzen: die »Uhrblume«, die sich mit der Sonne öffnet und schließt, das erfrischende »tanzende Gras«, den giftigen Upas-Baum (von dem Charles Darwin sagte, er töte jedes tierische Leben in einem Umkreis von 25 Kilometern).

OBEN UND LINKS Ansichten des botanischen Gartens von Hongkong, um 1880–1890. Offensichtlich war der Garten damals hauptsächlich Erholungspark ohne seltene Pflanzen. Mangels geeignetem Land in der Umgebung konnte der Garten nur eine sehr eingeschränkte Rolle bei der Akklimatisierung von Pflanzen spielen.

SCHUTZGEBIETE

Die Umsiedlung von Pflanzen von einer Region der Welt in eine andere, wildes Sammeln im Amazonasgebiet, das heimliche Einstecken von Samen, und was die Gärten der Kolonialreiche früher sonst noch taten, wäre – zumindest theoretisch – heute nicht mehr möglich. Tatsächlich fordert die Konvention über die biologische Vielfalt (ein auf dem Erdgipfel in Rio 1992 angenommener Vertrag), dass jeder, der einzelne Pflanzen aus einem Land mitnehmen will, einen Vertrag unterzeichnet, der das Vorgehen regelt. Darin muss vor allem festgelegt sein, welche Entschädigung das Herkunftsland der Pflanze erwarten kann, falls sie kommerzialisiert wird. Solche Regelungen werfen ein ganz neues Licht auf die Praktiken der vergangenen Zeit und lassen die Rolle von Kew fragwürdig werden, dem beispielsweise »Biopiraterie« vorgeworfen wurde. Dieser Vorwurf müsste freilich alle großen Gärten in Europa treffen, von Paris über Berlin und Amsterdam bis Brüssel.

Die Welt der Botanik hat sich sehr verändert, heute besteht ein Netz von Kooperationen, denn Ziele und Gefahren sind global geworden. Der Schutz der Biodiversität ist ohne Zweifel eines der wichtigsten Anliegen. Einige botanische Gärten in den Tropen haben sich früh auf diese Probleme eingestellt: Die Botaniker vor Ort bemerkten als Erste, welche Verwüstungen die Abholzung und die Ausbreitung der intensiven Landwirtschaft anrichtete. Hugh Falconer, Superintendent in Kalkutta von 1847 bis 1855, erstellte beispielsweise einen Bericht über die Teakwälder in Birma und rettete sie so vor der zerstörerischen Abholzung. Ridley, der sich so für die Kautschukproduktion stark machte, kämpfte auch für den Schutz der Wälder von Penang und der Gegend um Malakka. Es gibt viele andere Beispiele, dass Botaniker in den Kolonialgebieten versuchten, integer zu handeln. Nicht integer und rücksichtslos war das System.

Die Bewahrung der Natur im Schutzraum Garten ist nur ein Aspekt der Rolle, die die großen botanischen Einrichtungen in den Tropen heute spielen. Schon lange sieht es so aus, als sei das Wohlergehen der Menschen Voraussetzung für die Erhaltung der Biodiversität: Sie

UNTEN Unter einem Wasserfall, Botanic Gardens, Singapur.

FOLGENDE DOPPELSEITE **LINKS** Gärtner im Garten von Peradeniya, Kandy, um 1900. **RECHTS** Gelber und grüner Bambus (*Schizostachyum brachycladum*), Botanic Gardens, Singapur.

LINKE SEITE Ein sehr alter und sehr hoher Tembusu (*Fagraea fragrans*), der zum Naturerbe von Singapur gehört (*Heritage tree*), Botanic Gardens, Singapur.

RECHTE SEITE Steinfigur, Jardim Botânico do Rio de Janeiro. (Achtung: Unterhalb des rechten Ohrs sitzt ein farblich genau passender Schmetterling!)

müssen ihre Umwelt neu entdecken und erkennen, wie viel Gewinn sie daraus ziehen können. So propagieren die Gärten in Kalkutta und Peradeniya die ayurvedische Medizin für kleinere Gebrechen, die sehr viel billiger ist als die westliche Medizin. Besucher erhalten die traditionellen Kräuter sowie Ratschläge von Experten. Auch die Gärten von Rio und Pamplemousses verhelfen heimischen Heilpflanzen zu neuen Ehren. In Kisantu in der Provinz Bas-Congo interessiert man sich sehr für den Nährwert einer traditionell höchst geschätzten Speise: Raupen. Diese äußerst eiweißreiche Spezies wird infolge häufiger Brandrodungen (dabei wird die Vegetation zerstört, von der die Raupen sich ernähren) und übermäßigen Sammelns immer seltener. Der botanische Garten von Kisantu hat darum eine große Informationskampagne gestartet, die Lieblingsbäume der Raupen gepflanzt und verteilt Broschüren, in denen erklärt wird, wie die Tiere am besten zu schützen sind. Anscheinend ist es vor allem wichtig, sich an die Tradition zu halten: Damit es auch im nächsten Jahr wieder Raupen geben würde, ließ man früher auf den höchsten Ästen immer ein paar sitzen.

Als Schutzräume, Hüter des gesunden Menschenverstands und der Kulturen bewahren die tropischen botanischen Gärten heute alles in allem die Natur und eine bestimmte Form von Lebensqualität. Das eine geht nicht ohne das andere. Und den Besucher beeindruckt die Schönheit der Gärten, eine Hommage an die Schönheit der Welt.

LINKS Die Christusstatue von Rio de Janeiro vom Jardim Botânico aus gesehen.

FOLGENDE DOPPELSEITE LINKS Die stark duftenden Frangipaniblüten sind in den tropischen Gärten allgegenwärtig, Botanic Gardens, Singapur.
RECHTS Gärtnerlehrlinge im Jardim Botânico do Rio de Janeiro, 1912; Eintrittskarte der South China Botanical Gardens, Kanton, und Briefmarke von Singapur.

Anhang

Mit Rücksicht auf den Umfang des Buchs mussten wir eine strikte Auswahl treffen, welche Gärten vorgestellt werden konnten.
Außer an der geografischen Lage haben wir uns auch am Renommee und an der historischen Bedeutung der jeweiligen Gärten orientiert sowie an der Chronologie (alle erwähnten Gärten wurden vor 1950 gegründet).
Unsere persönlichen Vorlieben haben die Auswahl natürlich ebenfalls beeinflusst. All das zusammen erklärt, warum manche Gärten hier nicht vorkommen, obwohl sie es ganz gewiss auch verdient hätten.

Cacao,
Zeichnung von Anton Goering, 1892.

REGISTER DER PERSONEN, ORTE UND INSTITUTIONEN

Abreu, Luis de 107
Afrika 17, 28, 135
Agri-Horticultural Society (s. a. Botanic Gardens von Singapur) 131, 179, 196
Ahmad bin Hassan 146
Aldabra 179
Algerien 28
Alwis, Charles de 131
Alwis, James de 131
Amazonas 79
Amazonasgebiet 143, 146, 193, 202, 213
Amazonia (Schiff) 146
Amboyne (Ambon) 96
Amerika 96, 107, 111, 157
Amiens, Frieden von 100
Amsterdam 93, 213
Antillen 83
Anvers, Weltausstellung von 135
Argentelle, Louis Marc Antoine Robillard d' 170
Asien 111, 119, 122, 146, 187
Assam 122, 131, 183
Atlantik 74

Baedeker (Führer) 36
Bahia 143
Banda (Insel) 96
Banks, Sir Joseph 83, 111, 114, 119, 122
Bas-Congo 216
Batavia 36
Bath, Botanischer Garten von 157
Belgien, König Leopold II. von 146
Belgisch-Kongo 153
Belle Eau, Kanal (Garten von Pamplemousses) 90, 93, 96
Benares (Varanasi) 17, 49
Bengalen, Golf von 71
Berlin 213
Berlin, botanischer Garten von 28
Berlin, Konferenz von 28
Bernardin de Saint-Pierre, Jacques Henri 172
Bicentennial Gate (Botanischer Garten von Kalkutta) 41, 54
Birma 213
Bligh, William 83
Bogor 1, 21, 28, 49
Bogor, botanischer Garten (s. a. Buitenzorg) 49, 71, 114, 135, 196, 202
Bolivien 202
Borneo 193
Botanic Gardens von Penang (s. a. Waterfall Gardens) 71
Botanic Gardens von Singapur 10, 17, 20, 21, 41, 49, 71, 74, 83, 119, 120, 126, 131, 146, 161, 166, 179, 193, 196, 201, 208, 213, 216
Botanische Zentralstelle für die deutschen Kolonien 28
Bougainville, Expedition von 96
Bounty (Schiff) 83
Bourbon, Garten des Königs auf 96, 100
Bourbon, Insel (s. a. La Réunion) 90, 100
Brahmaputra, Tal des 131
Brasilien 10, 74, 107, 126, 138, 143, 146, 157, 161
Britisch-Guyana 202
Brüssel 153, 213
Buddha 63
Buffon, Georges Louis Leclerc Comte de 111, 172
Buitenzorg, botanischer Garten von (s. a. Bogor) 21, 25, 28, 36, 49, 114, 135, 143, 146, 150, 161, 166, 172, 196
Bukit Timah Core (Botanic Gardens von Singapur) 147
Burton, Decimus 20

Cai Xitao, Professor 208
Carporama-Ausstellung 170, 171
Carr, Cedric 201
Carroll, Lewis 54
Casa dos Pilões (Jardim Botânico do Rio de Janeiro) 107
Castleton, botanischer Garten von 157
Cayenne, botanischer Garten von (s. a. La Gabrielle) 107, 135, 172
Cayenne, Garten des Königs in 96, 100
Céré, Auguste 100
Céré, Nicolas 96, 100, 107, 172
Ceylon (Sri Lanka) 17, 28, 74, 126, 131, 147, 153, 157
Chatsworth 202
China 59, 90, 96, 131, 205
Chinesisches Meer 20
Christian, Fletcher 83
Cibodas, Garten von 135
Citron, Fluss (Garten von Pamplemousses) 93
Collignon, Nicolas 93
Commerson, Philibert 96
Contest-Lacour 135
Cook, James 83
Corner, E. J. H. 201
Coudreau, Henri 150

Darwin, Charles 150, 208
Decaen, General 170
Deutschland 135
Devonshire, Herzog von 202
Drayton, Richard 126
Duché de Vancy, Gaspard 93
Ducke, Adolfo 143
Dumont (Angestellter der Französischen Ostindienkompanie) 90
Dunlop 153
Dupleix, Statue von 135

East India Company 17, 111, 114, 119, 120, 121, 122
Echo, Steinfigur (Jardim Botânico do Rio de Janeiro) 187
Eco-Lake (Botanic Gardens von Singapur) 147
Eingangsportal der Königlichen Akademie der Schönen Künste (Jardim Botânico do Rio de Janeiro) 107
Einstein, Albert 183
Embekke-Tempel 74
Endeavour (Schiff) 83
Ender, Thomas 107
England 20, 49, 83, 131, 146, 150, 170, 183, 187, 202
Étoile du Matin (Schiff) 96
Étoile (Schiff) 96
Europa 33, 54, 74, 146, 202, 213
Evolution Garden (Botanic Gardens von Singapur) 126

Falconer, Hugh 213
Ferrez, Marc (Fotograf) 138
Flora Brasiliensis 111
Flora Indica 120, 121
Ford, Henry 33
Fort Canning (s. a. Government Hill, Singapur) 119
Frankreich 28, 111, 150
Französische Ostindienkompanie 86, 90
Französisch-Guyana 74, 96, 107
Französisch-Indochina 17
Fraser, James Baillie 114
Fusée-Aublet, Jean Baptiste 74, 86, 93

Gallois, Abbé 90
Ganges (Fluss) 17, 49
Ganges, Delta des 74
Gardner, George 126
Gedeh, Vulkan 36, 135
Gentil, M. L. 153
Georg III. (englischer König) 83, 122
Gillet, Frater Justin 153
Glasl, Karl 161
Goering, Anton 25, 28, 33, 74
Government Hill (s. a. Fort Canning, Singapur) 119
Grand Port (auf Île de France) 86
Grenada, Insel 100
Griffith, William 183, 187
Großbritannien 114
Guinness Buch der Rekorde 59
Gula, Hurrikan 74

Hakgala, Garten von 126
Hanoi 28
Henarathgoda, Garten von 126
Himalaja 193
Holland 150
Holttum, R. E. 201
Hongkong 202, 208
Hongkong, botanischer Garten von 202
Hooghly 17, 114
Hooker, Joseph 17, 126, 146, 150, 157, 187
Hooker, Sir William Jackson 20, 126, 150, 193, 202
Howrah 17
Howrah Gate (Indian Botanic Garden von Kalkutta) 54
Huxley, Aldous 153
Hyams, Edward 71

Icones Plantarum Indiae Orientalis 121
Île de France (s. a. Mauritius) 86, 90, 93, 96, 100, 111, 170
Illustrated London News, The 202
Indian Botanic Garden von Kalkutta 17, 20, 41, 45, 49, 54, 63, 66, 71, 74, 122
Indian Botanic Garden, Howrah (s. a. Indian Botanic Garden von Kalkutta) 10
Indien 10, 17, 25, 59, 74, 86, 90, 119, 122, 135, 138
Indischer Ozean 20, 74, 86, 90
Indochina 17, 28, 179
Indonesien 17, 59
Inziatal 153

Jackmond-Brücke (Indian Botanic Garden von Kalkutta) 45
Jamaika 157
Japan 157
Jardim Botânico do Rio de Janeiro 10, 36, 49, 54, 63, 74, 107, 111, 114, 135, 138, 143, 150, 153, 157, 161, 166, 183, 187, 216
Jardin Royal des Plantes, Paris 100, 111, 172
Java (Insel) 21, 25, 28, 114, 119, 157, 166
Joanne (Guide) 36
João VI., König von Portugal und Brasilien 107, 187
Joaquim, Miss Agnes 196
Johnson, G. W. 122
Joseph II. (Kaiser von Österreich) 100

Kalkutta (Kolkata) 1, 17, 41, 49, 63, 71, 74, 114, 120, 122, 131, 147
Kalkutta (Kolkata), botanischer Garten von (s. a. Indian Botanic Garden von Kalkutta, Indian Botanic Garden, Howrah, Royal Botanic Garden) 20, 25, 114, 120, 121, 135, 146, 147, 150, 183, 187, 196, 213, 216
Kalutara (Ceylon) 114
Kamerun 33
Kanada 157
Kandy 1, 17, 25, 36, 59, 63, 79, 114, 126, 131, 150, 157, 166, 193, 213
Kanton 59, 90
Kap der Guten Hoffnung 79
Karibik 17
Karibikinseln, englische 83, 86
Kebun Raya de Bogor (s. a. botanischer Garten von Bogor, botanischer Garten von Buitenzorg) 21
Kerr, William 114
Kew, botanischer Garten (s. a. Royal Botanic Gardens) 17, 20, 100, 114, 119, 121, 126, 131, 146, 147, 150, 157, 187, 193, 202, 213
King, George 150, 187

Kisantu, botanischer Garten von 1, 153
Kleingrothe, C. J. 147
Knudson, Lewis 201
Koenig, Johan Gerhard 122
Kongo 146, 153
Kuhlmann, João Geraldo 143
Kyd, Colonel 114

La Gabrielle, Garten (s. a. botanischer Garten von Cayenne) 107
La Pérouse, Expedition von 93
Labor der Ausländer (in Buitenzorg) 135
Large Palm House (Indian Botanic Garden von Kalkutta) 66, 71
Leandro do Sacramenta, Pater 138
Leão, Pacheco 183
Lefèvre (Graveur) 90
Leiden, botanischer Garten von 28, 135, 216
Libreville 28
Liénard-Säule (Garten von Pamplemousses) 183
Liguanea, Garten von 100
Limbe, Garten von 135
Lindley, John 193, 202
Linné, Carl von 122
Linné, System 187
Lissabon 107
Liverpool 147
London 17, 20, 120, 150, 202
London, Weltausstellung von 187

Macau 119, 138
»Mad Ridley« (s. a. Henry Nicholas Ridley) 146, 147
Madagaskar 28, 49, 100
Madras 17, 120, 122, 153
Mahé (Seychellen) 96
Mahé de La Bourdonnais, François 83, 86, 90
Mahé, Garten des Königs in 96
Malakka 213
Malaysia 17, 21, 59, 74, 146, 147, 153, 196
Manila 93
Marie-Antoinette (Königin von Frankreich) 100
Markham, Clements 150, 153
Martius, Carl Friedrich Philipp von (Martii) 111
Maskarenen 28, 83, 86, 90, 93, 100, 179
Matavai, Bucht von 83
Mauritius (s. a. Île de France) 10, 17, 49, 54, 63, 74, 83, 86, 90, 93, 96, 100, 107, 111, 119, 138, 157, 170, 172, 179, 183, 202
Mekong 208
Melbourne 179
Michelin 33
Milbert, M. J. 96
Mist House (Botanic Gardens von Singapur) 193, 201
Molukken 93, 96
Mon Plaisir, Anwesen (s. a. Garten von Pamplemousses) 86, 90, 93

Mon Plaisir, Garten des Königs in (s. a. Garten von Pamplemousses) 93, 96, 100
Mon Plaisir, Schloss 86, 90
Moon, Alexander 119
Morice, Dr. (Schriftsteller) 179
Murton, Henry James 10, 131, 196

Narziss, Steinfigur (Jardim Botânico do Rio de Janeiro) 187
Naturkundemuseum, Paris (Muséum d'histoire naturelle) 28, 49, 96, 100, 111, 135, 143, 170, 171
Neapel 170
Neu-Delhi 17
Niederländische Westindienkompanie 93
Niederländisch-Indien 114, 135
Nogent-sur-Marne 21
Nordindien 114
North Gallery (Kew) 157
North, Marianne 157, 161, 172, 183

Oliveira, Cândido Batista de 143
Ostindien 170

Pagode, chinesische (Kew) 157
Palm House (Kew) 20
Pamplemousses (Ort) 86, 172
Pamplemousses, Garten von 10, 17, 54, 63, 83, 86, 90, 93, 96, 100, 107, 111, 119, 138, 157, 170, 172, 179, 183, 187, 202, 216
Paris 213
Paris, Weltausstellung von 33
Patani, König von 96
Paul et Virginie 172
Paul und Virginie, Denkmal 172
Paul und Virginie, Grab von 157, 172
Pavia 170
Paxton, Joseph 202
Pazifik 83
Pedro I. (Kaiser von Brasilien) 138
Pedro II. (Kaiser von Brasilien) 138, 143
Penang 20, 71, 213
Peradeniya, botanischer Garten von 17, 25, 36, 59, 63, 74, 114, 119, 126, 131, 146, 150, 157, 166, 193, 213, 216
Perottet, George S. 135
Petit Jardin (im Garten von Pamplemousses) 93, 172
Plants of Coromandel Coast 121
Poivre, Pierre 63, 90, 93, 96
Pondichéry 135
Pondichéry, botanischer Garten von 100, 135
Pondichéry, Institut français de 49

Port Louis (auf Île de France/Mauritius) 86, 90, 93, 100
Portugal 107, 138
Providence (Schiff) 83
Provost 96

Raffalovich, Israel (Rabbiner) 183
Raffles, Sir Stamford 114, 119, 131
Reinwardt, Caspar George Karl 28
Réunion, botanischer Garten von 172
Réunion, La (s. a. Bourbon) 90
Richard, Monsieur (botanischer Garten von La Réunion) 172
Ridley, Henry Nicholas (s. a. »Mad Ridley«) 83, 146, 147, 196, 213
Rio de Janeiro 1, 36, 107, 143, 213
Rio de Janeiro, Botanischer Garten von (s. a. Jardim Botânico do Rio de Janeiro)
Rodrigues, João Barbosa 107, 143, 183
Roxburgh, William 17, 25, 120, 121, 122
Royal Botanic Garden (s. a. auch Indian Botanic Garden von Kalkutta) 41
Royal Botanic Gardens (Kew) 20, 83, 111, 157
Royal Geographical Society 202
Royal Society 83

Sackler-Brücke (Kew) 157
Saharanpur, botanischer Garten von 114, 122
Saigon, botanischer Garten von 17, 28, 36, 179
Saint-Cloud, Baumschulen von 172
Saint-Denis (auf La Réunion) 172
Saint-Vincent, botanischer Garten von 17, 83, 100, 122
Salak, Vulkan 36
Samalkot 122
Sansibar 100
Santo Domingo, Garten des Königs von 96
Sarawak 157
Schomburgk, Robert 202
Schönbrunn, kaiserlicher Park von 100
Scowen (Fotograf) 63
Senegal 172
Sertum palmarum brasiliensium 143
Seychellen 96, 179
Shalimar 114
Shiva 74
Siam, König von 179
Sibpur (Dorf) 114
Sikkim 193
Singapur 1, 20, 49, 119, 131, 157, 179, 193, 196, 201, 213, 216

Singapur, botanischer Garten von (s. a. Botanic Gardens von Singapur) 131, 147, 179, 201, 202, 216, 224
Sir Seewoosagur Ramgoolam, botanischer Garten (s. a. Garten von Pamplemousses) 10
Slave Island (Ceylon) 114
South China Botanical Garden (Kanton) 59, 205, 208, 216
Spithead 83
Sri Lanka (s. a. Ceylon) 74
Stadt Wien (Schiff) 100
Südamerika 17, 138
Südostasien 28
Swan Lake (Botanic Gardens von Singapur) 41, 179
Symphony Lake (Botanic Gardens von Singapur) 41

Tahiti 83, 96
Tan Chay Yan (Bauer) 147
Tananarive (Antananarivo) 28
Tanglin District (Singapur) 131
Tanjong Pagar 196
Thouin, André 111
Thwaites, Dr. 126, 166, 193
Tijuca, Wald von 143, 161
Timor 83
Tour du Monde, Le (Zeitschrift) 170, 172
Tovar, Colonia 25
Treub, Melchior 135
Trianon, Gärten von 90
Trinidad, botanischer Garten von 100, 187
Tussac, F. R. 83

Valentim, Mestre 187
Venezuela 25, 28, 33, 74
Vereinigte Staaten 83, 157
Verne, Jules 83
Victoria, Königin 202
Vidyasagar-Setu-Brücke (Kalkutta)
Vigilant, Le (Schiff) 96
Villebague-Kanal 83, 86

Waimiri-Indianer 146
Wales, Prinzessin von 157
Wallace-Brunnen 183
Wallich, Nathaniel 25, 122, 131, 183, 187
Ward, Harry Marshall 131
Waterfall Gardens (s. a. Botanic Gardens von Penang) 71
Westindien 96
Wickham, Henry 146, 147
Wight, Robert 121
WWF 153

Xishuangbanna Tropical Botanic Garden 208

Yunnan Institute of Tropical Botany 208

Zweiter Weltkrieg 36

REGISTER DER PFLANZENNAMEN

Adansonia digitata (s.a. Baobab) 100
Adenanthera pavonina (s.a. Perlenbaum) 10
Aechmea ›Blue Tango‹ 196
Akazie 71, 86
Albizia lebbeck (s.a. Schwarzholz) 86
Alocasia 166
Alocasia macrorrhiza 10
Amaryllis 153
Andenrose (s.a. *Brownea grandiceps*) 71, 74
Anthurium 41
Antigonon leptopus (s.a. Korallenliane) 66
Arachnis ›Maggie Oei‹ 201
Argyreia nervosa 49
Aronstabgewächse 153
Artocarpus altilis (s.a. Brotfruchtbaum) 83
Artocarpus integrifolia (s.a. Jackfruchtbaum) 157
Arum titanum 196
Avocadobaum 170

Bambus 1, 161
Bananenstaude 10, 153
Banyan 59, 63, 74, 122
Baobab (s.a. *Adansonia digitata*) 100
Bauhinia kockiana 193
Baum der Reisenden (s.a. *Ravenala madagascariensis*) 224
Baumfarn 126
Baumwolle aus Dacca 28
Bismarckia nobilis 179
Bougainvillea 41
Bromelien 196
Brotfruchtbaum (s.a. *Artocarpus altilis*) 83
Brownea grandiceps (s.a. Andenrose) 71, 74
Buddhabaum (s.a. *Ficus religiosa*) 63
Butea frondosa (s.a. Flame of the forest) 123

Calathea lutea 179
Camellia theifera 131
Canonball tree (s.a. *Couroupita guianensis*) 74, 79
Carludovica palmata 143
Cassia fistula 107
Ceiba pentandra (s.a. Woll- oder Kapokbaum) 63
Chinarinde 150, 153
Chinin (s.a. *Cinchona officinalis*) 150
Cinchona officinalis (s.a. Chinin, Chinarinde) 150
Cinnamomum burmanii (s.a. Zimt) 96
Cirrhopetalum picturatum (Orchidee) 25
Coelogyne swaniana Rolfe 131
Cornukaempferia aurantiflora 196
Couroupita guianensis (s.a. Kanonenkugelbaum, canonball tree) 74, 79
Curcuma ›Sulee Rainbow‹ 193
Cycas (Sagopalmfarn) 208
Cyrtostachys renda (s.a. Siegellackpalme oder Lipstick) 179

Dattelpalme (*Phoenix*) 205
Delonix regia (s.a. Flammenbaum) 49
Dendrobium crumenatum 21
Dendrocalamus giganteus (s.a. Riesenbambus) 114
Dictosperma album (s.a. Hurrikanpalme) 83
Dyplasium mutiluni 111

Elefantenfußpalme 138
Englische Rosen 179
Etlingera elatior (s.a. Fackelingwer, torch ginger) 131
Etlingera fulgens 131

Fackelingwer (s.a. *Etlingera elatior*, torch ginger) 131
Fagraea fragrans (s.a. Tembusu) 179, 213
Farn 135, 153, 166, 196
Fensterblatt (s.a. *Monstera deliciosa*) 59
Ficus 59, 63
Ficus benghalensis 63
Ficus elastica (s.a. Gummibaum, India-rubber tree) 59, 63, 86, 157, 161
Ficus religiosa (s.a. Pappelfeige, Buddhabaum) 63
Flame of the forest (s.a. *Butea frondosa*) 123
Flammenbaum (s.a. *Delonix regia*) 49
Fledermausblume (s.a. *Tacca chantrieri*) 120
Fleischfressende Pflanze 166
Frangipanibaum 1, 33, 216

Gelber Bambus, gestreift (s.a. *Schizostachyum brachycladum*) 208, 213
Gewürzbäume 93, 100, 107
Gloriosa superba 123
Gummibaum (s.a. *Ficus elastica*, India-rubber tree) 161
Guttapercha 146

Haemanthus (Blutblume) 153
Heilige Pflanze 166
Heilpflanze 208, 216
Heliconia rostrata 41
Hevea (*Hevea brasiliensis*, s.a. Kautschuk, Kautschukbaum) 17, 59, 83, 131, 146, 147, 153
Hibiskus 90
Hurrikanpalme (s.a. *Dictosperma album*) 83
Hyophorbe verschaffeltii (s.a. Spindelpalme) 100

India-rubber tree (s.a. *Ficus elastica*, Gummibaum) 161
Indigo 90
Indigo aus Java 28
Ingwer 1, 131

Jackfruchtbaum (s.a. *Artocarpus integrifolia*) 119, 157, 161, 170, 171
Javaapfel (s.a. *Syzygium samarangense, Syzygium malaccense*) 100, 166

Kaffee 33, 100, 126, 135, 147, 153, 166
Kaffeestrauch 119, 126, 131
Kakao 33, 166
Kakteen 153
Kaktus 153, 208
Kampferbaum 161
Kannensträucher 166
Kanonenkugelbaum (s.a. *Couroupita guianensis*) 74
Kapokbaum (s.a. *Ceiba pentandra*, Wollbaum) 63
Kautschuk 17, 59, 126, 146, 147, 201, 213
Kautschukbaum (s.a. *Hevea brasiliensis*) 131
Kiefer 90
Kigelia pinnata (s.a. Leberwurstbaum) 54
Knabenkraut 90
Kokosnuss 119
Konifere 208
Königspalme (s.a. *Roystonea regia*) 17, 54, 161
Korallenliane (s.a. *Antigonon leptopus*) 66

Leberwurstbaum (s.a. *Kigelia pinnata*) 54
Lien-hoa (s.a. *Nelumbo nucifera*, Lotusblume) 90
Lipstick (s.a. *Cyrtostachys renda*, Siegellackpalme) 179
Litschi 90, 170
Lodoicea maldivica (s.a. Meereskokosnuss, Seychellenpalme) 66
Longanbäume 90
Lotusblume (s.a. *Nelumbo nucifera*) 90

Macis 93
Madagaskar-Muskatnuss 93
Mahagoni 1, 74
Mahé-Pfeffer 86
Malabar-Zimt 86
Mangifera indica (s.a. Mangobaum) 1, 90, 138
Mangobaum (s.a. *Mangifera indica*) 1, 90, 138
Mangostanfrucht 170
Maniok 86
Matisia bicolor 143
Maulbeere 86, 171
Meereskokosnuss (s.a. *Lodoicea maldivica*, Seychellenpalme) 66
Metroxylon sagu (s.a. Sagopalme) 41
Monstera deliciosa (Fensterblatt) 59
Moraceae 171
Musa arnoldiana 153
Muskat 93, 96,100, 119, 131
Muskatnuss 10, 93, 96, 100, 119, 131
Muskatnussbaum (s.a. *Myristica fragrans*) 93, 96, 100, 119
Myristica fragrans (s.a. Muskatnussbaum) 93, 100
Myroxylon toluiferum 28

Nelken 96, 100
Nelkenbaum 93, 96, 100, 107, 119
Nelumbo nucifera (s.a. Lotusblume) 90
Nepenthes rafflesiana Jack 131
Nibungpalme (s.a. *Oncosperma tigillarium*) 41
Nymphea (s.a. Seerose) 33, 90, 96, 166, 202

Odontoglossum Adrianae var. *crawshayanum* (Orchidee) 201
Ölpalme 146
Oncosperma tigillarium (s.a. Nibungpalme) 41
Orangen 90
Oranginen 90
Orchidee ›Dorothy Oka‹ 201
Orchideen 20, 25, 131, 193, 196, 201
Orchidiaceae 196

Palmen 1, 20, 33, 45, 66, 74, 83, 114, 143, 157, 172, 196, 208, 224
Pandanus (Schraubenbaum) 21, 86, 119, 161
Pandanus odoratissimus Willd. 120
Pappelfeige (s.a. *Ficus religiosa*) 63
Perlenbaum (s.a. *Adenanthera pavonina*) 10
Pfeffer 170
Pfirsichbaum 90
Philodendron 59
Pilocereus 153
Rafflesia hasseltii 21
Ravenala madagascariensis (s.a. Baum der Reisenden) 224

Reis 135
Rhododendron 33, 193
Riesenbambus (s.a. *Dendrocalamus giganteus*) 114
Rittersporn 172
Röhricht 135
Roystonea regia (s.a. Königspalme) 17

Sagopalme (s.a. *Metroxylon sagu*) 41
Schizostachyum brachycladum (s.a. gelber Bambus, gestreift) 208, 213
Schraubenbaum (Pandanus) 21, 86, 119, 161
Schwarzholz (s.a. *Albizia lebbeck*) 86
Seerose (s.a. *Nymphea*) 33, 90, 96, 166, 202
Seychellenpalme (s.a. *Lodoicea maldivica*, Meereskokosnuss) 66
Shiva-Blumen 166
Siegellackpalme (s.a. *Cyrtostachys renda*, lipstick) 179
Spindelpalme (s.a. *Hyophorbe verschaffeltii*) 100
Stiefmütterchen 172
Stockrose 172
Sukkulenten 153, 208
Syzygium malaccense (s.a. Javaapfel) 166
Syzygium samarangense (s.a. Javaapfel) 100

Tabak aus Delhi 28
Tacca aspera R. 120
Tacca chantrieri (s.a. Fledermausblume) 120
Taccaceen 120
Tanne 90
Tanzendes Gras 208
Tapioka 147
Taubenorchidee 21
Teak 213
Tee 17, 28, 33, 90, 122, 126, 131, 138, 146, 147, 153, 170
Teestrauch 131
Tembusu (s.a. *Fagraea fragrans*) 179, 213
Thunbergie, blaue 166

Uhrblume 208
Upas 208

Vanda ›Mimi Palmer‹ 201
Vanda ›Miss Joaquim‹ 196, 201
Vanille 28, 135
Veilchen 172
Victoria amazonica (s.a. *Victoria regia*) 74, 96, 166, 202
Victoria regia (s.a. *Victoria amazonica*) 202
Vittaria longicoma 135

Wollbaum (s.a. *Ceiba pentandra*, Kapokbaum) 63

Zimt (s.a. *Cinnamomum burmanii*) 96
Zingiberaceae 193, 196
Zuckerrohr 28, 100, 107, 146

BIBLIOGRAFIE

Allain, Yves-Marie et al., *Passions botaniques, Naturalistes voyageurs au temps des grandes découvertes*, Rennes 2008.

Axelby, Richard, »Calcutta Botanic Garden and the colonial re-ordering of the Indian environment«, in: *Archives of Natural History* 35 (2008), S. 150–163.

Bediaga, Begonha, »Joining pleasure and work in the making of science: the Jardim Botânico do Rio de Janeiro – 1808 to 1860«, in: *Hist. Cienc. Saude-Manguinhos* 14 (2007), S. 1131–1157.

Bernard, Charles J., »Le jardin botanique de Buitenzorg«, Vortrag bei der Sitzung am 18. Mai 1936 der Société Botanique de Genève, in: *Bull. Soc. Bot. Genève* 28 (1938), S. 77–93.

Bonneuil, Christian, »L'Empire des plantes«, in: *Courrier de la Planète* 62, März 2001.

Brockway, Lucile H., *Science and Colonial Expansion, The role of the British Royal Botanic Gardens*, New Haven/London 2002.

Darby, Margaret Flanders, »Joseph Paxton's Water Lily«, in: *Bourgeois and Aristocratic Cultural Encounters in Garden Art, 1550–1850*, hrsg. v. Michel Canon, Harvard 2002, S. 255–283.

de Wildeman, E., *J. Gillet et le jardin d'essais de Kisanthu (1866–1893–1943)*, Brüssel 1946.

Drayton, Richard, *Nature's Government, Science, Imperial Britain, and the »Improvement« of the World*, New Haven/London 2000.

Gupta, R. K./Marlange, M., *Le jardin botanique de Pondichéry*, Pondichéry 1961.

Hyams, Edward/MacQuitty, William, *Great Botanical Gardens of the World*, London 1985 (1969).

Johnson, George William, *Ostindien's Gegenwart und Zukunft*, Aachen/Leipzig 1844.

Kerauden-Aymonin, Monique, »Une œuvre scientifique et artistique unique: le Carporama de L.M.A. de Robillard d'Argentelle«, in: *Lettres Botaniques* 131 (1984), S. 243–246.

Ly-Tio-Fane, Madeleine, *The Triumph of Jean Nicolas Céré and his Isle Bourbon Collaborators*, Paris 1970.

Malleret, Louis, *Pierre Poivre*, Paris 1974.

Morice, Albert, »Voyage en Cochinchine, 1872«, in: *Le Tour du Monde* 30 (1875), S. 369–416.

Nayar, M. P. (Hrsg.), *Network of Botanic Gardens* (erschienen zur Zweihundertjahrfeier des botanischen Gartens von Kalkutta 1787–1987), Kalkutta 1987.

North, Marianne, *Recollections of a Happy Life*, hrsg. v. Mrs John Addington Symonds, New York/London 1894.

Oldfield, Sara, *Great Botanic Gardens of the World*, London u. a. 2007.

Owadally, A. W., *Jardin botanique Sir Seewoosagur Ramgoolam*, Port Louis (Mauritius) 2004.

Rouillard, Guy/Guého, Joseph, *Le Jardin des Pamplemousses, 1729–1979, Histoire et Botanique*, Les Pailles (Mauritius) 1983.

Simonin, M. L., »Voyage à l'île de La Réunion, 1860«, in: *Le Tour du Monde* 6 (1862), S. 145–176.

Tinsley, Bonnie, *Visions of Delight, The Singapore Botanic Gardens through the Age*, Singapur 1989.

Warren, William, *Singapore, City of Gardens*, Singapur 2000.

WEBSITE

www.kew.org/FloraIndica/home.do
Auf dieser Internetseite der Royal Botanic Gardens in Kew kann man seit 2006 alle 2533 herrlichen Ikonen von Roxburgh anschauen (die, wie geschildert, größtenteils nie zuvor veröffentlicht wurden). Siehe S. 120–121.

BILDNACHWEISE

© Catherine Donzel: Ansichten und Stillleben aus dem Garten von Pamplemousses, den Botanic Gardens von Penang, den Botanic Gardens von Singapur und aus dem Indian Botanic Garden von Kalkutta.
© Sammlung Guillaume Pellerin: 17, 25, 37, 59, 115, 126, 127, 128, 167, 190–191.
© Sammlung Walter: 15, 20, 24, 25, 26–27, 28, 29, 30–31, 32, 33, 34–35, 36, 39, 41, 42–43, 58, 64–65, 68–69, 79, 81, 83, 86, 90,113, 114, 119, 126, 135, 139, 147, 150, 153, 155, 157, 161 (oben), 166, 168–169, 172, 179, 183, 187, 193, 196, 201 (unten), 202–203, 208, 214, 219, 224.
© Library of Congress: 21 (unten), 208 (unten).
© Nachdruck mit freundlicher Genehmigung von Director and the Board of Trustees, Royal Botanic Gardens, Kew: 120, 121, 156, 158, 161 (unten), 162–163.
© Nachdruck mit freundlicher Genehmigung von Singapore Botanic Gardens: 12–13, 21 (oben), 130, 131, 133, 146, 201.
© Marc Walter: Fotografien aus dem Jardim Botânico do Rio de Janeiro und dem South China Botanical Garden in Kanton.
© Nachdruck mit freundlicher Genehmigung von Jardim Botânico do Rio de Janeiro und Biblioteca Barbosa Rodrigues: 49, 111, 143, 144, 145, 182, 183, 219.
© Bibliothèque centrale du Museum national d'histoire naturelle: 93, 96, 123 (oben), 170–171.
© Bibliothèque historique du Cirad: 22–23
© Laboratoire de Phanérogamie du Muséum national d'histoire naturelle (Aufnahmen von Patrick Lafaite): 51, 97, 101, 110, 123, 135, 142.

Aristolochia rigens, Zeichnung von Anton Goering, 1892.

DANKSAGUNG

An erster Stelle danken wir den Verwaltungen der Gärten, die uns freundlich empfangen haben, insbesondere dem Jardim Botânico do Rio de Janeiro, seinem Direktor M. Liszt Vieira, allen seinen Mitarbeitern und den Bibliothekaren der Biblioteca Barbosa Rodrigues (insbesondere Carla Lourenco Carneiro, die uns sehr geholfen hat). Dank auch an die Botanic Gardens von Singapur und ganz besonders an Miss Christina Soh, die Leiterin der Library of Botany and Horticulture, die uns zu einer sehr reichhaltigen Dokumentation verholfen hat. Außerdem danken wir den Dokumentaren der Bibliothek des Indian Botanic Garden in Kalkutta (die uns freundlicherweise ein Gespräch an einem 1. Mai ermöglicht haben!). Und wir danken den sympathischen Führern im Garten von Pamplemousses und den Aufsehern, mit denen ich eine Baobabfrucht verspeist habe, während wir warteten, dass der Regen aufhörte.
Danke auch an alle, die uns bei der Organisation unserer Reisen unterstützt haben: Cristina Pinheiro Guimarães, die Marc bei seinem Aufenthalt in Rio de Janeiro begleitet hat; Siddik Bodhee, General Manager des Hotel Palmiste, der mir geholfen hat, meine Besuche in Pamplemousses zu organisieren; der liebenswürdigen Ranju Alex und dem gesamten Personal des Oberoi Grand in Kalkutta, die mir das Leben außerordentlich erleichtert haben.
Für ihre Beiträge zur Illustration des Buches danke ich Roland Belgrave von der Galerie Bernard J. Shapero in London, Sylvain Calvier von der Galerie »Des photographies« und Bruno Tartarin von »Photo Verdeau« in Paris; außerdem Guillaume Pellerin für seine freundliche Leihgabe. Dank auch an Lynn Parker (many thanks Lynn!) von den Royal Botanic Gardens in Kew. Ebenfalls eine große Hilfe waren uns die Unterstützung und das Entgegenkommen von Cécile Aupic, zuständig für historische Pflanzen im Muséum national d'histoire naturelle, von Denis Lamy, dem Leiter der botanischen Abteilung der Bibliothek des Muséum d'histoire naturelle, von Françoise Bouazzat und des Fotografen Patrick Lafaite. Danke auch an Florence Cailly für ihre tatkräftige Hilfe.
Danke an Sophie Zagradsky für ihre Geduld beim Lesen und ihre sommerliche Unterstützung. Danke an Gaspard Walter für seine (so überaus wertvollen!) fotografischen Ratschläge und den herrlichen Ausflug in Malaysia. Danke an Louis Walter, meinen liebsten Coach, und an Jean Walter für die warmherzige Ermutigung.
Danke, nicht zuletzt, an Marion Guillemet für ihre Geduld!
Und mein besonderer Dank geht an Suyapa Granda Bonilla für ihr Vertrauen bis zum Schluss.

LINKS Der »Baum der Reisenden« (*Ravenala madagascariensis*) hat die Besonderheit, dass er im Blattgrund Regenwasser speichert. Das erlaubt Reisenden, ihren Durst zu löschen, und diesem Umstand verdankt er seinen Namen.

RECHTS Der Baum aus der Familie der Strelitziengewächse ist sehr typisch für Singapur und erscheint hier stilisiert auf einer Briefmarke.

Die Originalausgabe erschien 2008 unter dem Titel *Jardins des Alizés. L'aventure botanique sous les tropiques* bei Editions Solar, Department of Place des Editeurs, Paris
Gestaltung: Marc Walter/Chine
Copyright © Editions Solar/Place des Editeurs, 2008

Deutsche Ausgabe: Copyright © 2009 Gerstenberg Verlag, Hildesheim
Alle Rechte vorbehalten.
Satz: psb, Berlin

www.gerstenberg-verlag.de

ISBN 978-3-8369-2595-2

Umschlag- und Einbandgestaltung: Hauptmann & Kompanie Werbeagentur, München–Zürich, Conny Hepting

Abbildungen des Schutzumschlages:
Vorderseite. *Hauptmotiv*: Jardim Botânico do Rio de Janeiro; *oben links*: Der Indian Botanic Garden in Kalkutta, um 1880; *oben rechts*: Früchte des Muskatnussbaums; *unten rechts*: Sitz der Verwaltung des Gartens Peradeniya bei Kandy (Sri Lanka), um 1900.
Rückseite. *Oben links*: Hochblätter einer Bougainvillea; *oben Mitte*: Zweig eines Flammenbaums, Illustration von 1893; *oben rechts*: Besucher im Garten von Peredeniya bei Kandy, um 1900; *unten links*: Elefantenbaby Toby, botanischer Garten von Saigon, um 1900; *unten rechts*: Briefmarke aus Französisch-Indochina von 1908.
Einband: Illustration von Anton Goering aus *Vom Tropischen Tieflande zum Ewigen Schnee*, 1892.